Alleine abnehmen · Martin Waibel

Alleine abnehmen

65 Kilo in drei Jahren

Impressum

Bibliografische Information der Deutschen Nationalbibliothek: Die Deutsche Nationalbibliothek verzeichnet diese Publikation in der Deutschen Nationalbibliografie; detaillierte bibliografische Daten sind im Internet über dnb.dnb.de abrufbar.

Die automatisierte Analyse dieses Werkes, um daraus Informationen insbesondere über Muster, Trends und Korrelationen gemäß § 44b UrhG (»Text und Data Mining«) zu gewinnen, ist untersagt.

2. Auflage

Verlag: BoD · Books on Demand GmbH,
In de Tarpen 42, 22848 Norderstedt, bod@bod.de

Druck: Libri Plureos GmbH, Friedensallee 273, 22763 Hamburg

ISBN: 978-3-7693-2146-3

Inhaltsverzeichnis

Abkürzungen

anonym — Urheber unbekannt
et al. — und andere
Kilo — Kilogramm
KLICK — Impuls des Willens zum Wandel
n. Chr. — nach Christus
o. D. — ohne Datum
v. Chr. — vor Christus

Haftungsausschluss

Dieses Buch enthält keine ärztliche, medizinische oder diätetische Beratung. Bei gesundheitlichen Problemen oder Fragen zu Ernährung, Sport und Lebensstil solltest du einen Arzt oder Spezialisten aufsuchen.

Die Inhalte dieses Buches basieren auf den persönlichen Erfahrungen und Recherchen des Autors. Es wird keine Gewährleistung für die Richtigkeit, Vollständigkeit, Aktualität oder Verfügbarkeit der Informationen und verlinkten Inhalte übernommen.

Vorwort

Hätte ich diese Geschichte gelesen, als ich noch 150 Kilogramm wog, wäre mir das Abnehmen sicher viel leichter gefallen. Wenn wir wissen, was auf uns zukommt und mit welchen Herausforderungen wir wie lange konfrontiert sein werden, wird uns das, was vor uns liegt, nicht mehr ganz so unüberwindbar erscheinen.

Heute, viereinhalb Jahre nach der Erstveröffentlichung dieses Buches, weiß ich, dass meine Geschichte bereits vielen Menschen geholfen hat. Das macht mich unendlich dankbar und »happy«. Denn einen Text zu schreiben, der etwas bewirkt, das hatte ich mir vorgenommen.

Die Protagonisten

dieser Geschichte leben in Hard am Bodensee. Wie es bei uns aussieht und was man hier alles machen kann, erfährst du unter:

www.hard.at

Ich

178 cm groß, grüne Augen, rasierte Glatze, Ziegenbart, legere Klamotten. Ich arbeitete im Außendienst und war Verkaufsleiter eines mittelständischen Unternehmens.

Meine psychischen Erkrankungen zwangen mich in den Ruhestand.

Anfangs fand ich die Idee, ein Buch übers Abnehmen zu schreiben, doof. Ich dachte: »Abnehmen ist doch nichts Besonderes. Das kann doch jeder.« Aber die meisten Menschen sehen das ganz anders.

Kalle

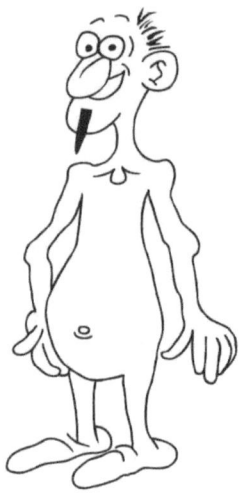

188 cm groß, grüne Augen, braune Haare, Kinnbart, hochwertige Kleidung. Kalle arbeitete als Drucktechnologe in der Schweiz. Kalle war mein schlechtes Gewissen, der Hornissenstachel in meiner Lethargie.

»Sag mal, Kalle, wie war denn das, als ich noch dick war? Du hast ja auf mich eingeredet wie auf ein krankes Ross.«

»Das kannst du laut sagen. Aber du warst sturer als ein Programmierfehler. Egal, was ich sagte, du hattest für alles eine Ausrede.«

Marlene

168 cm groß, braune Augen, kastanienbraune Haare, schick angezogen. Meine Tante Marlene arbeitete als Fernsehjournalistin. Sie war meine stumme, aber mitfühlende Betrachterin.

»Sag mal, Marlene, wie war denn das für dich, als ich noch dick war? Ich meine, du hast ja nie ein Wort gesagt.«

»Ganz ehrlich: Ich dachte, dass das nicht mehr lange gut geht. Natürlich hab ich bemerkt, wie unglücklich du bist, wie mühsam dein Leben war. Du hast mir leidgetan, vor allem zum Schluss.«

Tino

173 cm groß, grüne Augen, Stoppelglatze, tätowierte Unterarme, lässige Secondhand-Klamotten. Tino ist Veranstaltungstechniker. Tino war mein Tischtennispartner, der mich von einer Ecke in die andere hetzte.

»Ja, Tino, wie war denn das für dich? War das nicht ziemlich langweilig? Ich konnte mich ja kaum bewegen.«

»Da täuschst du dich. Es war gar nicht so einfach, gegen dich zu gewinnen. Du hast dich reingehängt, als ob's kein Morgen gäbe.«

KAPITEL 1
Ein kurzer Überblick

August 2013. Wie alles begann

»150,6 Kilogramm!« Die Zahl auf dem Display der Waage schockte mich. Ich war schon seit Jahren extrem übergewichtig, aber das war mein neues Höchstgewicht. »150 Kilo!«, dachte ich. »Mein Gott, so fett war ich noch nie.«

Ich hatte bereits eine Menge Diäten ausprobiert, doch keine führte zum gewünschten Ziel. Im Gegenteil.

»So hat das einfach keinen Sinn!« Verärgert stieg ich von der Waage. »Scheiß auf fünf Mahlzeiten am Tag. Scheiß auf Diäten. Scheiß auf gute Ratschläge. Scheiß auf wissenschaftliche Studien. Ich ziehe das jetzt durch — und zwar auf meine Art.«

Ich beschloss, nur noch einmal am Tag zu essen — und zwar am Abend. In diesem Moment hatte es endgültig bei mir KLICK gemacht.

Ein paar Tage später schüttelte Kalle den Kopf. »Alle sagen, man soll abends nicht essen. Alle sagen das! Aber du — du, wo eh schon so fett bist, willst abnehmen, indem du abends frisst?«

Betreten senkte ich den Kopf.

»Dir ist nicht zu helfen. Dir ist einfach nicht zu helfen! Wie kann man nur so stur sein? Bist du jetzt schlauer als alle Ärzte?« Mit erhobenen Händen und verkrampften Fingern flehte Kalle den Himmel an. »Ich lag 14 Tage auf der Kardiologie, da gab es, dreimal die Woche, Vorträge von Ernährungsberatern und Diätologen. Stundenlange Vorträge. Es ist wissenschaftlich erwiesen, dass man fünf kleine Mahlzeiten am Tag essen muss.«

»Bitte, Kalle, das hast du mir schon tausendmal erzählt. Ich hab's ja versucht, ehrlich, aber wenn ich mehrere Male am Tag esse, hab ich am Abend genauso viel Hunger, wie wenn ich den ganzen Tag über nichts esse. So hat das einfach keinen Sinn. Und wenn ich mich am Abend nicht vollfresse, wälze ich mich stundenlang im Bett und kann nicht einschlafen.

Verstehst du? Ich hab jetzt 20 Kilo zugenommen. 20 Kilo! In nur einem Jahr. Mit mehreren Mahlzeiten am Tag klappt das einfach nicht.«

Doch Kalle schien mich gar nicht zu hören. Kreuz und quer und krumm stampfte er, wild gestikulierend, durch das Wohnzimmer: Mal zeigte er mir den Scheibenwischer, mal den Vogel, mal die Handkurbel. Er machte auch keinerlei Anstalten, sich zu beruhigen oder sich zu mir auf die Couch zu setzen. »Hab ich dich jetzt richtig verstanden? Du willst nur noch einmal am Tag essen, und das abends?«

Ich nickte.

»Das heißt: Den ganzen Tag hungerst du dir einen runter, und dann, am Abend, frisst du …« Hier musste Kalle kurz Luft holen. »… im Heißhunger in dich hinein, bis du platzt?«

Er verdrehte die Augen und atmete so tief aus, dass man die Lippen flattern hörte. »Also: Wenn der Mensch einen Vogel hat, dann gibt er ein Zeichen. Und du, du gibst gleich mehrere Zeichen — du blinkst schon so rot wie die Sturmwarnung unten am See. Das ist doch hochgradig geisteskrank! Das kann doch nicht dein Ernst sein! Wenn du abnehmen willst, dann geh spazieren, beweg dich, die frische Luft wird dir guttun.«

»Mir tut alles weh und gute Schuhe hab ich auch keine. Vielleicht, wenn es wieder kühler wird, im Herbst vielleicht, ja, im Herbst.«

»Und was ist mit dem Fitnessstudio? Da bist du doch früher gern hingegangen.«

»Ins Fitnessstudio gehe ich erst wieder, wenn ich ein Auto hab.«

»Merkst du eigentlich, dass du für alles eine Ausrede hast?« Kalle stöhnte. »Dann hör wenigstens auf, den glutamatverseuchten Mist in dich hineinzustopfen. Und immer die saublöde Nudelfresserei. Dabei weiß doch jeder, dass Nudeln dick machen.«

»Jetzt lass mich endlich in Ruhe! Du nervst! Du weißt ja nicht, wie das ist; du warst selber nie dick, du Bohnenstange. Seit ich mehrere Male am Tag esse, bin ich nur mehr am Zunehmen!« Ich haderte und stöhnte noch lauter als Kalle. »150 Kilo! Verdammte Scheiße, so fett war ich noch nie!«

»Tu doch, was du willst. Du bist ja sowieso immer gescheiter. Wirst schon sehen, wo dich das hinbringt. Den ganzen Tag hockst du in deiner Wohnung und fettest vor dich hin. Was glaubst du eigentlich, wie lange das noch gut geht? Wenn du so weitermachst, stirbst du noch an Herzverfettung!«

»Ach, lass mich doch in Ruhe! Du hast doch keine Ahnung. Was willst du eigentlich von mir? Das ist mein Leben! Meins, meins ganz allein! Andere saufen, ich esse eben gern. Können wir jetzt bitte über etwas anderes reden?«

Nach diesem Gespräch mit Kalle dachte ich mir: »So, darüber spreche ich jetzt mit keinem mehr. Das behalte ich ab sofort für mich. Und falls es mit dem Abnehmen so nicht klappen sollte, probiere ich eben etwas anderes.«

Seltsamerweise hatte ich ein gutes Gefühl bei der Sache, obwohl dieses Gefühl mehr von Hoffen als Wollen oder Glauben getragen war. Im Grunde war es eine Trotzreaktion, eine Verzweiflungstat, ein letztes Aufbäumen.

Nach all den erfolglosen Abspeckversuchen fiel mir einfach nichts Besseres mehr ein, als auf mich selbst zu hören und für mich selbst zu entscheiden. Alles, was ich mit Sicherheit wusste, war, dass es so, mit mehreren kleinen Mahlzeiten über den Tag verteilt, nicht weitergehen konnte. Im ersten Jahr bemerkte kein Mensch, dass ich am Abnehmen war. Die ganze Zeit über hatte ich es für mich behalten und kein Wort gesagt. Eines Tages brach es aus mir heraus. »Hey, ich hab 20 Kilo abgenommen! 20 Kilo! Und das Beste: Es war überhaupt nicht schwer.«

»20 Kilo? Echt?«, hieß es überall. »Und — wie schwer bist du jetzt?«

»130 Kilo.«

»Ja, toll! Weiter so …«

All das Lob und der Ansporn taten mir so gut. Ich blühte richtig auf, tankte Kraft. Die 20 Kilogramm weniger auf der Waage konnte ich auch körperlich spüren. Ich surfte auf der

Wohlfühlwelle, mein Herz lachte und ich dachte: »Wenn das mit dem Abnehmen so einfach weitergeht, werde ich, vielleicht irgendwann einmal, unter 100 Kilo kommen.« Kurzum: Ich schwebte auf Wolke Nummer sieben, war guter Dinge und fühlte mich, mit 130 Kilogramm, leicht wie eine Feder.

Eine Woche später kam Kalle in Tinos Garten und schoss mich, mit einer vollen Breitseite, von der Wohlfühlwelle. »20 Kilo? Ja, wo denn? Du bist doch genauso fett wie immer.«

Tino legte seinen Schläger unter den Tischtennistisch ins Gras. Er zündete sich eine Zigarette an, inhalierte und blies den Rauch betont bedächtig in Richtung Kalle. »Wenn er es sagt, wird es schon stimmen.«

»Also, ich sehe da beim besten Willen nichts. Der ist doch genauso fett wie immer.«

Kalle stemmte beide Hände in die Hüften, neigte Kopf und Oberkörper zur Seite und umkreiste mich mit Argusaugen. »Ich meine es nicht böse, ich sehe bloß keinen Unterschied. Mal ehrlich, Tino: Siehst du, dass er abgenommen hat?«

»Ja, gut ... sehen ... also, direkt sehen tu ich es nicht, aber wenn er es sagt. Jedenfalls ist er beim Tischtennis beweglicher. So viel ist sicher.«

Ich stand da mit offenem Mund und hatte wirklich Mühe, ihn wieder zu schließen. Ich wollte einfach nicht glauben, was ich da hörte.

»Dann habt ihr mich also alle angelogen? Alle? Keiner sieht was? Keiner?«

»Angelogen ist ein hartes Wort«, sagte Tino. »Du warst so gut drauf und wir wollten dich halt nicht entmutigen, na ja, das war zumindest der Plan, bis Kalle damit rausgeplatzt ist. Und ja, ich meine nein, sehen tut man es wirklich nicht, ehrlich. Schau, mich hat es ja auch gewundert, als du sagtest, du hättest abgenommen. Na ja, ich hab dann auch mit andern darüber gesprochen: Und ja, ich meine nein, niemand ist aufgefallen, dass du abgenommen hast. Aber das ist doch egal: Hauptsache du HAST abgenommen.«

Erst drei Monate später — und mit insgesamt 25 Kilogramm weniger auf der Waage — fragten Menschen, die ich vielleicht ein-, zweimal im Jahr sah: »Sag, hast du abgenommen? Jaja, du hast abgenommen, nicht wahr?«

Als ich dann auf die Hast-du-abgenommen-Frage antworten konnte: »Ja, das stimmt. Ich hab 30 Kilo abgenommen!«, presste man die Lippen kurz zusammen und nickte zweimal.

»13 Kilo! Toll! Gratuliere.«

»30 Kilo — nicht 13 Kilo.«

Nun formte man einen Schmollmund und nickte vier-, fünfmal. »30 Kilo? Wow! Super!«

Bei 40 Kilogramm erntete ich ein ungläubiges Stirnrunzeln mit zumindest einer hochgezogenen Augenbraue.

»40 Kilo? Ehrlich? Wirklich wahr? Jetzt im Ernst? 40 Kilo — nicht 14 Kilo?«

Bei 50 Kilogramm rümpfte man bereits die Nase und kniff die Augen argwöhnisch zusammen. »Hab ich dich jetzt richtig verstanden? Du willst mir sagen, dass du 50 Kilo abgenommen hast? Nicht 15, sondern 50 Kilogramm?« Neben der Tonlage änderte sich nun auch die Körpersprache meiner Gesprächspartner: Bis 40 Kilogramm bewegten sich die Menschen staunend von mir weg und musterten mich, ab 50 Kilogramm bewegten sie sich ungläubig auf mich zu. Von da an waren solche Situationen für mich eher unangenehm, schon allein aufgrund meiner Sozialphobie. Menschen, die mich zuvor nicht gekannt hatten, glaubten mir nicht; ich stand erst einmal als Lügner da. Zog ich zum Beweis mein Smartphone aus der Hosentasche, hieß es: »Das sieht man ja gar nicht richtig, der Bildschirm ist doch viel zu klein. Nein, nein, ach komm schon, das bist doch nicht du!«

Einmal blaffte mich ein betrunkener Rocker auf einer Gartenparty an. »Hey, du da!« Ich wunderte mich erst, denn ich kannte ihn nicht. Er deutete auf eine Blondine im Kleinen Schwarzen. »Die da sagt, du hättest 50 Kilo abgenommen!« Dann baute er sich vor mir auf und tippte mit dem Zeigefinger auf mein Brustbein. »Ich rate dir: Lüg mich nicht an! Du hast nie 50 Kilo abgenommen! Das glaube ich dir nicht!«

Ich blieb erst einmal stumm. Er sah mir tief in die Augen und fragte lautstark: »Hey, willst du mich eigentlich verarschen?«

In Wahrheit hätte ich an dem Tag sagen müssen: »Nein, ich hab nicht 50 Kilo abgenommen. Ich hab 60 Kilo abgenommen.« Da ich selber einmal Trinker war, wusste ich, dass sich dieser sternhagelvolle Mann von meiner Antwort provoziert gefühlt hätte. Um Stress zu vermeiden, log ich und sagte: »Davon weiß ich nichts. Ich war nie dick.«

Zufrieden wandte sich der Mann von mir ab und rief seiner Bekannten zu: »Siehst du? Ich hab's ja gesagt! Der war nie dick …«

Zum Glück kaufte ich dann ein Tablet. Wenn mich fortan jemand fragte: »Du, stimmt das, du hast so viel abgenommen?«, antwortete ich beispielsweise: »Ja, das stimmt. Ich hab 64 Kilo abgenommen.«

Schweigen. Nach zwei bis drei Sekunden wurde nachgefragt: »Wie viel?«

Ich sagte: »64 Kilo.«

»64 Kilo?«

Ich nickte.

»64 Kilogramm?!«

»Ja«, sagte ich. »Möchtest du Fotos von mir sehen, von mir als Walross?«

Zur anfänglichen Skepsis gesellte sich nun die Neugier dazu. »Ja, hast du denn welche dabei?«

Ich zippte den Reißverschluss meines Rucksacks auf und schmunzelte. »Klar, am Tablet.« Nun war es mucksmäuschenstill. Ich konnte die Spannung förmlich knistern hören.

»Schau mal, da war ich am fettesten. Da wog ich 150 Kilo.« Egal, was ich in dem Moment sagte, ich bekam keine Antwort. Es schien, als wären die Menschen in dieser Phase unerreichbar für meine Worte. Stumm huschten ihre Blicke zwischen dem Display des Tablets und meinem Gesicht hin und her. Es wurde abgeglichen: Nase, Ohren, Mund, Augen, Kinn, Kopfform. Bei dieser Suche nach Übereinstimmungen konnte man das Gehirn fast im Sekundentakt fragen hören: »Ist er das wirklich?« Dann folgte ein kurzes — meist fassungsloses — Kopfschütteln. Man sah mir in die Augen, schob die Unterlippe nach oben und nickte anerkennend. Am Ende dieser Abgleichphase kam dann immer ein Lob. In etwa: »Bewundernswert. Wahnsinn! Unglaublich. Tolle Leistung.«

Danach riss der Blickkontakt ab und es kam die nächste kurze Zeit des Schweigens: Die Augen meiner Betrachter wanderten nun, gemächlich wie ein Scanner, von meinem Gesicht hinunter zu den Füßen und wieder zu meinem Kopf hinauf. Bis man mir wieder in die Augen sah, vergingen durchschnittlich fünf bis sechs Sekunden, ohne dass auch nur ein einziges Wort gesprochen wurde.

Dann kam immer dieselbe Frage: »Wie hast du das gemacht? Mit einem Magenband?«

»Nein«, antwortete ich.

»Mit einer Diät?«

»Nein«, sagte ich.

»Krankheit?«

Ich verneinte.

»Ja, und — wie hast du es gemacht?«

Leider gab und gibt es keine einfache Antwort auf diese Frage. Mein Versuch, die ganze Geschichte — in all ihren Facetten — zu erzählen, ermüdete meine Zuhörer sichtlich und erweckte den Eindruck, dass Abnehmen eben doch nicht so einfach sei. Natürlich lag es auch an meinem unstrukturierten und unausgegorenen Vortrag, doch vor allem lag es an dem Frage-und-Antwort-Spiel, auf das ich mich einließ. Der Frage-und-Antwort-Modus erwies sich als vollkommen ungeeignet — so funktionierte es einfach nicht. Ich spürte, dass ich meinen Zuhörern wie ein glitschiger Fisch aus den Fingern flutschte. Dadurch entstanden Unmut und Enttäuschung. »Du wirst doch wohl wissen, wie du abgenommen hast. Jetzt komm schon! Rück schon raus mit der Sprache! Oder ist das ein Geheimnis?« Die Menschen erwarteten eine Strategie, ein klares Konzept, eine einfache, in sich konsistente Antwort, etwas, das man vom Anfang bis zum Ende durchzieht. Das gab es aber nicht. Ich sagte dann meistens: »Ich kann dir das leider nicht in ein paar Minuten erklären. Ich arbeite an einem Text. Wenn er fertig ist, gebe ich ihn dir …«

Es gab Zeiten, da war ich wirklich heilfroh, wenn das Thema zur Abwechslung einmal nicht aufs Abnehmen fiel. Ich wollte und will nicht wie ein Zirkuspferd für etwas bewundert werden, das meiner Meinung nach jeder kann.

Was ich kann, kannst auch du

Nach dem Motto »Was ein Mensch kann, kann auch ein anderer« möchte dieses Buch dicken Menschen Mut machen. Mut, an sich selbst zu glauben und Mut, auf sich selbst zu hören. »Ja« zu sich zu sagen und das zu ändern, was einen innerlich auffrisst. Auch ich steckte damals in keiner leichten Situation: Panikattacken, Depressionen, Sozialphobie, Konkurs, Isolation.

Aber ich fasste einen Entschluss. Ich beschloss, auf mich selbst zu hören, auch wenn wissenschaftliche Studien gegen spätes Essen und eine Mahlzeit pro Tag sprachen. Die Naturwissenschaften widerlegten sich zu allen Zeiten selbst. Was heute noch als bewiesen gilt, kann sich morgen schon als Unsinn herausstellen. Vielleicht hat die Erkenntnistheorie doch recht und es gibt gar nur einen momentanen Stand des Irrtums?

Wir Menschen sind alle einzigartig, und was für die einen gut ist, kann für andere schlecht sein. Deshalb müssen wir alle unseren eigenen Weg gehen und herausfinden, was bei uns wirkt. Wie es dann, am Ende des Weges, in unserem neuen Leben sein wird und wie es sich anfühlen wird, können wir momentan nur erahnen. In Wirklichkeit wird es noch viel besser sein, denn wir werden uns wie neugeboren fühlen.

Was erwartet dich in diesem Buch?

Im Kern geht es um eine Metamorphose im Schneckentempo: die Verwandlung von der fetten »Raupe Nimmersatt«[1] zum grazilen Falter Binschonsatt. Ganz behutsam und ohne Verzicht soll diese Verwandlung passieren, ohne inneren Kampf, ohne Hast, ohne Zwang.

Als ich noch 150 Kilogramm wog und am Beginn dieser Verwandlung stand, wollte ich so schnell wie möglich an Gewicht verlieren. In meinen wildesten Träumen machte ich Harakiri mit meinem Bauchfett. Ich hoffte auf die Erfindung einer Wunderpille, die Fett in Wasser verwandelt, das ich einfach aus dem Körper urinieren könnte. Ich wünschte, meine Wampe wäre ein gigantischer Pickel, den ich einfach

---

[1] Eric Carle, »Die kleine Raupe Nimmersatt«, Gerstenberg Verlag, Hildesheim, 1969.

hätte ausdrücken können. Eine Zeit lang glaubte ich allen Ernstes, dass ich gar nicht wirklich fett sei, sondern dass mir ein riesiger Bandwurm oder ein zentnerschwerer Tumor im Magen läge. Meistens plante ich irgendeine Radikal-Diät oder ich sagte mir: »Ich werde jetzt einfach zwei Monate lang gar nichts essen.«

Im Vorfeld dieses Buches dachte ich lange darüber nach, was mir damals geholfen hätte, diesen Weg des Abnehmens im Schneckentempo anzunehmen. Von den vielen Gründen, die für diesen Weg der Mini-Schritte sprechen, hätten mich wahrscheinlich nur zwei überzeugt.

Erstens: Ich werde durch die langsame Lebens- und Ernährungsumstellung mein Wohlfühlgewicht auch halten können.

Zweitens: Abnehmen im Schneckentempo tut nicht weh. Sprich: Mir knurrt nicht die ganze Zeit der Magen und ich muss mich nicht Tag für Tag durch den Hunger hindurch quälen.

Anhand meiner eigenen Geschichte werde ich den Weg zum Wohlfühlgewicht in diesem Buch grob skizzieren. Was uns alle auf diesem Weg vereint, sind vier kleine Rädchen, an denen wir drehen müssen: Informationen, Bewegung, Heißhungerattacken und Gedanken.

Wenn wir an diesen Rädchen drehen, aus unseren Fehlern lernen und uns immer wieder anpassen, wird es von ganz allein passieren.

Alles, was wir dazu brauchen, sind gute Gedanken und Geduld. Denn die Verwandlung vom dicken zum schlanken Menschen kann uns nur in ganz kleinen Schritten gelingen.

In Summe ist dieses Buch eher mit »Pippi Langstrumpfs«[2] Villa Kunterbunt zu vergleichen, als mit einem ausgeklügelten Tu-dies-lass-das-Kommando-Plan. Es zeigt mehr die Richtung an, in die wir sehen sollten.

---

[2] Astrid Lindgren, »Pippi Langstrumpf«, Verlag Friedrich Oetinger, Hamburg, 1949.

KAPITEL 2
Wir ernten, was wir säen

Die Geschichte mit der Torte

Eineinhalb Jahre vor dem KLICK wog ich ungefähr 135 Kilogramm. Meine Tante Marlene besuchte mich zu Hause und fragte, was ich mir
zum Geburtstag wünsche.

»Meine Lieblingstorte!«, antwortete ich wie
aus der Pistole geschossen. »Du weißt schon, die
rosarote, die mit dem gesunden Dinkelboden.«

»Na ja, gesund ist eigentlich keine Torte«,
sagte Marlene. »Da ist überall viel Zucker und
viel Butter oder Sahne drin.«

»Aber der Dinkelboden ist doch gesünder als ein normaler Kuchenboden.«

»Ja, schon, aber … Gut.« Marlene resignierte. »Es ist dein Geburtstag. Wenn du das wirklich willst, dann mache ich dir eben diese Torte.« Sie taxierte mich mit zusammengekniffenen Augen. »Die Torte willst du doch nicht alleine essen, oder?«

Diesen Moment möchte ich kurz einfrieren und in Zeitlupe betrachten: Ich saß auf meiner himmelblauen Couch, in Gedanken ganz und gar bei der Torte, Marlene stand in der Mitte des Wohnzimmers. Sie setzte ihren starren Beschwörungsblick auf: Wie Kaa, die Schlange aus dem »Dschungelbuch«[3], fixierte sie mich mit ihren Augen, um zu mir durchzudringen und, sozusagen telepathisch, an meine Vernunft zu appellieren.

Mir war das in diesem Augenblick sehr wohl bewusst. Freilich war mir auch bewusst, dass diese Torte alles andere als gesund war. Doch das war mir egal, schnurzpiepegal. Selbst Kaa, die Schlange höchstpersönlich, hätte mich mit ihrem berühmten Hypnose-Blick nicht umstimmen können, denn alles, was sich in meinem Gehirn befand, war diese rosarote Torte.

Zurück zu Marlene und ihrer Frage, ob ich die Torte allein essen wolle. »Ja, klar esse ich

---

3 Rudyard Kipling, »Im Dschungel«, Verlagsbuchhandlung Friedrich Ernst Fehsenfeld, Freiburg im Breisgau, 1904.

die alleine.« Ich strahlte wie ein Honigkuchen-pferd. »Weißt du, das hab ich mir schon immer mal gewünscht. Eine ganze Torte — nur für mich allein.«

»Ja, gut, du musst selber wissen, was du tust.« Marlene schüttelte den Kopf. »Aber ge-sund ist diese Torte sicher nicht.«

Doch das war mir gleichgültig. Wichtiger war mir, dass keiner davon erfuhr. »Noch was, Mar-lene: Das bleibt unter uns. Versprochen?«

»Ja, gut. Wie du meinst.«

Ich war damals so scharf auf die Torte, dass ich die fünf Tage bis zu meinem Geburtstag kaum abwarten konnte. Wie kleine Kinder es vor Weihnachten tun, zählte ich die Nächte herun-ter und dachte jeden Abend aufs Neue: »Jetzt muss ich nur noch soundsovielmal schlafen.«

Einmal ist mir die Torte sogar im Traum er-schienen: Ich lag in einem tür- und fensterlo-sen Raum und war mit drei Ledergürteln an ein Gitterbett aus Stahl geschnallt. Die Lederriemen fixierten die Waden, das Becken und den Brust-korb. Sie waren so stark festgezurrt, dass ich nur Hals und Kopf bewegen konnte.

Bis auf die drei braunen Ledergürtel und das Stahlgitterbett war alles in diesem Raum weiß: Meine Hose, mein Shirt, meine Socken, das Bettlaken, das Kopfkissen, die Wände, die De-cke, die Fliesen am Boden, selbst die Fugen wa-ren weiß.

Es war mucksmäuschenstill.

Ich lag da und starrte, eine gefühlte Ewigkeit lang, auf die Zimmerdecke.

Dann öffnete sich, mit einem Heidenkrach, ein kreisrundes Loch an der Decke, aus dem kaleidoskopische Funken sprühten.

Die rosarote Torte schwebte herunter wie ein UFO, das sich um sich selbst drehte.

Doch anstatt in meinem Mund zu landen, schwirrte die Torte ständig — wie eine lästige Stubenfliege — vor meiner Nase herum. In meiner Verzweiflung versuchte ich, mit den Zähnen nach der Torte zu schnappen. Wie »Schnappi, das kleine Krokodil«[4] schni, schna, schnappte ich nach der Torte, konnte sie aber zu meinem Ärger nicht fassen. Aus diesem Albtraum wachte ich irgendwann schweißgebadet auf.

In den fünf Tagen bis zu meinem Geburtstag kam ich mir vor wie ein »pawlowscher Hund«[5]. Beim bloßen Gedanken an die Torte lief mir bereits das Wasser im Mund zusammen. Und das nicht nur sprichwörtlich, sondern physisch. Die enorme Vorfreude auf die Torte aktivierte ständigen Speichelfluss, den ich unzählige Male am Tag hinunterschlucken musste. Diese fünf Tage des Dauerschluckens waren ein Martyrium.

---

[4] Vgl. Iris und Joy Gruttmann, »Schnappi, das kleine Krokodil«, Polydor Records, Hamburg, 2004.

[5] Vgl. Iwan Pawlow, Vater der klassischen Konditionierung (1905) und der Placebo-/Nocebo-Forschung (1927).

Schon nach dem ersten Tag hatte ich so starke Schluckbeschwerden, dass ich mir Lutschtabletten aus der Apotheke besorgen musste.

Diese Torte war wie eine rosarote Sonne, um die meine Gedanken unablässig kreisten. Aus Angst, jemand könnte etwas von meinem großen Tortenfressen mitbekommen, legte ich mir einen minutiös ausbaldowerten Schlachtplan zurecht. Da ich zu der Zeit so gut wie keine sozialen Kontakte hatte, kam eigentlich — als Störfaktor — nur Kalle in Frage; der besuchte mich aber selten vor Mittag. Trotzdem. Ich musste mir etwas einfallen lassen. Normalerweise, wenn es unerwartet an der Tür läutete und ich gerade aß, versteckte ich die Schüssel einfach schnell im Backrohr. Doch das wollte ich meiner Torte, meinem Schatz, meinem sehnlichsten Wunsch, meinem Ein und Alles, nicht zumuten: Die sollte es schön kalt haben.

»Doch was ist, wenn Kalle den Kühlschrank öffnet?«, fragte ich mich. »Dann sieht er die Torte. Das Risiko kann ich unmöglich eingehen. Ich brauche einen Sichtschutz im Kühlschrank, hinter dem ich die Torte verstecken kann ...«

Den Plan mit dem Sichtschutz verwarf ich aber, da Kalle so gut wie nie meinen Kühlschrank öffnete. Mein Gott, wie sehnte ich diese Torte herbei. Ich hatte auch kein schlechtes Gewissen. Mir kamen nie Zweifel. Im Gegenteil: Ich wollte mir selbst auch wieder einmal

etwas gönnen; es mir selbst wieder einmal gutgehen lassen. Ich dachte: »Ich esse ja eh bloß
die Torte. Sonst esse ich ja eh den ganzen Tag
nichts. Ich kaufe die nächsten Tage einfach
nichts mehr ein. Dann ist der Kühlschrank am
Geburtstag leer.«

Da ich jeden Bissen bewusst auskosten wollte, plante ich, die Torte über den Tag verteilt zu
essen. Jede Stunde ein kleines Stückchen.

Mich beschäftigte nur die Frage, ob ich von
der Torte auch satt werden würde. Ich dachte:
»Hoffentlich kann ich dann auch einschlafen.«

Kurz vor meinem Geburtstag rief ich meine
Tante an. »Hoi Marlene, sag mal, geht das, dass
du mir die Torte schon um zehne bringst?«

»Muss das sein?«, fragte Marlene. »Weißt du,
das ist viel Arbeit und das mache ich alles frisch.
Da müsste ich schon um sieben anfangen.«

Begeistert war Marlene nicht, sie ließ sich
aber doch irgendwie breitschlagen.

An meinem Geburtstag galt mein erster Gedanke der Torte. Husch, husch ins Badezimmer,
geschniegelt und gestriegelt. Zwischen dem
Zähneputzen und dem Anziehen spähte ich immer wieder aus dem Fenster und hielt Ausschau
nach dem silberfarbenen VW Golf® meiner
Tante. Um zehn Uhr war Marlene immer noch
nicht da und ich wurde langsam nervös. Ich
wollte ja um jeden Preis verhindern, dass Kalle
etwas mitbekommt. Dann, um halb elf, läutete

es endlich an der Haustür. Es fühlte sich an wie eine Erlösung. »Juchhu! Das ist meine Torte! Eine ganze Torte — nur für mich allein. Mm, lecker. Affen-mega-hyper-geil.«

Als ich den Türöffner betätigte, rann mir der Speichel aus dem rechten Mundwinkel. Josef, der Bernhardiner aus Johanna Spyris »Heidi«[6], kam mir in den Sinn. Ratzfatz wischte ich mir den Sabber mit dem linken Handrücken weg.

Als ich die Klinke hinunterdrückte und die Wohnungstür öffnete, stand da Kalle. Mit einer Holzkiste voll Früchten in seinen Händen fragte er: »Wo soll ich das hinstellen?«

»In die Küche«, sagte ich und dachte: »Scheiße, Scheiße, Scheiße! Muss das jetzt sein, dass er das mitbekommt? Oh Gott, und ein Stück von meiner Torte muss ich ihm auch noch abgeben!« Nach außen hin blieb ich freundlich und ließ mir nichts anmerken. Ich setzte meine lächelnde Maske auf und sagte: »Warte, ich helfe dir beim Tragen. Geh du voraus.«

Mit Blick auf die Holzkiste dachte ich: »Spinnt der jetzt komplett?«

Darin lagen, bunt gemischt, 20 Kilogramm Äpfel, Birnen, Pfirsiche, Nektarinen, Mandarinen und Orangen. In der Mitte der Kiste thronte eine Ananas, die von zwei Bananen-Händen flankiert wurde. Auf der imaginären Nase der

---

6 Vgl. Johanna Spyri, »Heidis Lehr- und Wanderjahre«, F. A. Perthes, Gotha, 1879.

Ananas saß eine rot-grüne 3D-Kinobrille aus Pappkarton, und auf die spitzen Enden des Blattschopfs hatte Kalle blaue Weintrauben gesteckt. Mir fiel auf, mit wie viel Liebe zum Detail er den Inhalt dieser Kiste arrangiert hatte.

Die gute Absicht von Kalle — den berühmten Wink mit dem Zaunpfahl — erkannte ich wohl, doch die Früchte interessierten mich damals nicht die Bohne. Ich dachte bloß: »Was soll ich mit dem ganzen Scheiß?«

Außerdem würde Marlene gleich klingeln. Mir war das alles furchtbar peinlich, aber ich musste der Wahrheit ins Auge sehen: Ich war aufgeflogen. So beichtete ich Kalle schweren Herzens, dass nun gleich meine Tante mit der Torte käme.

Es war dann auch bald so weit. Kalle begrüßte meine Tante mit einem Kopfschütteln. »Hoi, Marlene. Also, dass du das auch noch unterstützt, hätte ich nicht von dir gedacht. Glaubst du wirklich, dass das gut für ihn ist? Ist der nicht schon fett genug? Musst du den jetzt auch noch stopfen — wie eine Weihnachtsgans?«

Marlene stand da wie ein begossener Pudel und wusste nicht, was sie antworten sollte.

Völlig entgeistert starrte ich Kalle in die Pupillen. »Musst du mir das jetzt vermiesen? Ich hab mich so auf die Torte gefreut. Es ist das erste Mal, dass ich eine ganze Torte für mich alleine hab. Jetzt lass mir doch die Freude!«

Entnervt winkte Kalle ab. »Dir ist nicht zu helfen! Dir ist einfach nicht zu helfen!«

Nach einem kurzen Smalltalk verzichtete Marlene auf ein Stück meiner Geburtstagstorte und sagte: »So, ich lass euch jetzt alleine. Viel Spaß noch und lasst es euch schmecken. Du bietest Kalle doch ein Stück an, oder?«

»Ja, klar«, sagte ich mit guter Miene zum bösen Spiel. Ganz ehrlich: Es war mir überhaupt nicht recht, dass ich etwas von meiner Torte abgeben musste. Um mein Gesicht zu wahren, schluckte ich die Kröte und bot Kalle ein Stück, oder präzise formuliert, ein kleines Stückchen meiner Geburtstagstorte an.

Kalle redete mir natürlich noch ins Gewissen, bevor er ging. Trotzdem aß ich den Rest der Torte in meiner Gier allein.

Das letzte Stück holte ich zwei Stunden vor Mitternacht aus dem Kühlschrank. Ganz allein lag es da, auf dem gläsernen Tortenteller, im sonst vollkommen leeren Kühlschrank. Da überkam mich eine tiefe Traurigkeit und ich dachte: »Schade. Zwei, drei Stückchen hätte ich jetzt schon noch vertragen. Mist, wenn ich wenigstens Kalles Stück noch hätte ...«

Während ich mental an Kalles Tortenstückchen knabberte, sah ich die Kiste mit den Früchten am Boden stehen. Da musste ich an das Sprichwort von der Not, dem Teufel und den Fliegen denken. Kurzum: Die Bananen, rund ein Dutzend, aß ich noch am selben Abend auf. Die restlichen Früchte vertilgte ich zwar alle innerhalb einer Woche, sie schmeckten mir aber nicht wirklich.

Blitz-Diäten und der Jo-Jo-Effekt

Jeden Monat erscheint eine neue Wunderdiät, die uns das Blaue vom Himmel verspricht. Jede Woche lesen wir von einem neuen unglaublichen Trick, der die Kilos nur so von den Hüften purzeln lässt. Wie Anglerfische am stockfinsteren Meeresgrund ködern uns die Anbieter mit den funkelnden Lichtern ihrer Leuchtreklamen. Doch das Licht, das da — im Dunkel unserer mentalen Tiefsee — so kokett vor unserer Nase tanzt, führt nur in einen schwarzen Rachen.

Egal für welche Hunger-Diät wir uns entscheiden, was für uns am Ende bleibt, sind zerstörte Hoffnungen und ein Berg voll Leid. Denn auf jede Reduktionsdiät, die nicht auf einer dauerhaften Ernährungsumstellung beruht, folgt unweigerlich der Jo-Jo-Effekt. Schon ein paar Wochen nach dem quälenden Hungern und Darben verhöhnt uns das Messergebnis der Waage: Jetzt sind wir noch schwerer als vor der entbehrungsreichen Diät.

In diesem Moment stirbt etwas in uns. Frustriert werfen wir das Handtuch, lassen uns hängen und schwimmen oder — besser gesagt — treiben wieder im Fahrwasser unserer alten Lebens- und Ernährungsgewohnheiten. Bis wir uns dann endlich wieder neu motivieren und aufraffen, vergeht meist viel zu viel Zeit — während unser Gewicht steigt und steigt. Es folgt eine tiefe innere Verzweiflung; und was noch schlimmer ist: Wir hassen uns selbst für unser vermeintliches Versagen und verlieren den Glauben daran, dass es mit dem Abnehmen doch noch irgendwie klappen könnte.

Wir haben aber nicht versagt. Wir haben nur den falschen Weg gewählt. Wir wollten zu schnell abnehmen — und das mit Gewalt. Mit jeder Blitz-Diät führen wir im Grunde einen sinnlosen Kampf gegen uns selbst. Zu Beginn verlieren wir hauptsächlich Wasser, was die scheinbaren Erfolge solcher Diäten erklärt. Hunger- und Blitz-Diäten führen jedoch niemals zu nachhaltigem Abnehmen. Bei einer Hunger-Diät erwartet unser Körper — wie vor vielen tausend Jahren — eine Hungersnot. Er stellt auf den Hungerstoffwechsel[7] um und beginnt, Muskelmasse abzubauen, um Energie zu gewinnen. Unsere Muskeln brauchen wir aber, um unseren schweren Körper zu stemmen.

---

[7] Vgl. Wikipedia: https://de.wikipedia.org/wiki/Hungerstoffwechsel

Somit sind solche Diäten nicht nur unge-sund, sondern auch kontraproduktiv. Lange Rede, kurzer Sinn: Finger weg von Hunger- und Blitzdiäten!

Gesundheitliche Gefahren

Der Appell an unsere Vernunft

Auch wenn uns allen bewusst ist, dass War-nungen noch keinen Dicken zum Abnehmen bewegten, sollten wir doch einen Blick auf die gesundheitlichen Gefahren der Fettleibigkeit werfen. Schließlich sterben jährlich mehrere Millionen Menschen infolge von Adipositas. Selbstverständlich ist es mit dem Wissen um die gesundheitlichen Gefahren nicht getan; an-sonsten gäbe es ja keine dicken Ärzte.

Unseren Organismus

belastet jedes Kilo, das wir zu viel mit uns he-rumschleppen: Lunge, Herz, Nieren, Leber, Magen und Darm müssen wesentlich mehr ar-beiten, um unseren Körper ausreichend mit Nährstoffen zu versorgen.

Auf unseren Arbeitsalltag übertragen hieße das: Akkordarbeit mit Überstunden, ohne Wo-chenende, ohne Feiertage, ohne Urlaub, ohne Krankmeldung.

Unser Herz

ist im Dauerstress und schindet sich zu Tode, um ausreichend Blut in unser Fettgewebe zu pumpen. Durch diesen heroischen Kampf unseres Herzens, das uns noch nicht aufgegeben hat und das um jeden Preis leben will, muss unser Körper immer mehr Wasser und Natrium speichern. Das führt zu Bluthochdruck, der wiederum fast allen inneren Organen schadet. Die Auswirkungen dieses Überlebenskampfes nehmen wir als klammen Druck auf unserer Brust wahr: Todesängste quälen uns und für einen kurzen Moment hören wir eine Stimme, die da sagt: »So kann das unmöglich weitergehen.«

Unsere Lunge

pfeift aus dem letzten Loch. Sie hat einfach zu wenig Fassungsvermögen, um unseren dicken Körper mit genügend Sauerstoff zu versorgen. Wegen des chronischen Sauerstoffmangels schnaufen wir schon bei kleinsten Anstrengungen, beispielsweise wenn wir eine Treppe hochsteigen. Immer wieder packt uns die Agonie, in der wir meinen, jetzt gleich zu ersticken, während wir verzweifelt nach Luft schnappen. Ganz schlimm ist es in der Nacht, denn wir schnarchen lauter als ein Nilpferd. Leiden wir zusätzlich an Schlafapnoe, kollabieren die oberen Atemwege und unsere Atmung setzt immer wieder aus.

Unsere Gelenke und Bandscheiben

Alle übergewichtigen Menschen kennen das: Der Rücken tut weh, die Hüften und die Knie schmerzen. Durch die Schwere des Körpers entstehen zwangsläufig Verschleißerscheinungen am Bewegungsapparat. Dicke Menschen lehnen sich beim Gehen oft unbewusst zurück, um so das Gewicht des Bauches auszugleichen. Diese permanente Fehlhaltung der Wirbelsäule führt oft zu einem Hohlkreuz. Ohne regelmäßige Übungen folgen Bandscheibenvorfälle, Schmerzmittel und Operationen.

Unsere Zukunft

Dass all das auf Dauer nicht gutgehen kann, leuchtet uns allen ein. Wir müssen unser Leben ändern; daran führt kein Weg vorbei. Ansonsten stehen unter anderem Herzinfarkt, Schlaganfall, Bluthochdruck, Diabetes, Gicht, Krebs, Fettstoffwechselstörungen, Herz- und Leberverfettung auf der Liste möglicher Gesundheitsprobleme.

Die gute Nachricht

Wenn wir abnehmen, stärken wir unser Herz, senken unseren Blutdruck, wirken einer Arterienverkalkung entgegen, entlasten unsere Lungen, regen unseren Stoffwechsel an, senken das Risiko, an Krebs zu erkranken, und stützen unseren Bewegungsapparat.

Frei nach den Bremer Stadtmusikanten sage ich: »Komm mit! Etwas Besseres als den Tod findest du überall!«[8]

Depression, Scham, Isolation

Ich denke nicht gern an die Zeit zurück, als ich noch dick war. Noch schlimmer als das, was ich meinem Körper antat, war das, was ich meiner Seele — mir selbst — antat. Ich verwahrloste innerlich und äußerlich. Ich kümmerte mich um andere Menschen, um meine Pflanzen, um meine Katze und andere Tiere, aber nicht um mich selbst. Meine Wohnung glich einem Saustall. Der Kabelsalat meiner Computerstation lag in einer zehn Zentimeter dicken Staubschicht. Selbst einmal pro Woche staubsaugen war zu viel für mich.

Wegen meiner Panikattacken lebte ich fast vollkommen zurückgezogen. Ich ging nicht ins Kino, nicht in Lokale, nicht zu Geburtstagsfeiern, nicht auf Konzerte, nicht ins Theater, nicht zu Vernissagen.

Ganz schlimm waren Arzttermine. Wenn ich neben jemandem im Wartezimmer saß, bemerkte ich, dass ich ihm seinen Platz verkleinerte, seine Intimsphäre verletzte, seinen Raum

---

8 Vgl. Gebrüder Grimm, »Kinder- und Haus-Märchen. Die Bremer Stadtmusikanten«, G. Reimer, Berlin, 1819.

wegnahm. Dieses Gefühl war erniedrigend und trieb mir die Scham bis ins Mark.

Mein Selbstwertgefühl lag am Boden. Ich bewegte mich in einem kleinen ausgewählten Kreis, in dem das Thema Abnehmen aus Taktgefühl gemieden wurde. Außer von Kalle. Doch der sprach nur unter vier Augen mit mir darüber. Ansonsten wurde Adipositas, zumindest in meiner Anwesenheit, einfach ausgeklammert, zum Tabuthema erklärt. Über alles wurde gesprochen, bloß über meinen fetten Körper nicht.

Das passte perfekt in mein Konzept, denn als Meister der Verdrängung fühlte ich mich in diesem kleinen ausgewählten Kreis von Menschen relativ wohl, konnte lustig sein und auch herzhaft lachen. Wer kennt sie nicht? Die lustigen Dicken. Außerhalb dieses Kreises fühlte ich mich unwohl, denn die Ablehnung der anderen Menschen war zwar still, aber augenscheinlich. Ein Blick sagt mehr als tausend Worte. Obwohl ich die meisten Menschen freundlich grüßte, wurde ich selten zurückgegrüßt.

Besonders schlimm war es, wenn ich schönen Frauen begegnete. Mein Puls beschleunigte sich, das Blut schoss in mein Gesicht. Mir wurde unendlich heiß und unwohl. Ich hatte Angst, auf meinen dicken Körper angesprochen zu werden. Ich wollte nur noch weg und hätte mich am liebsten in einem Loch verkrochen.

»Dass du dich nicht schämst? Du grausige fette Sau!«, sagte ich zu mir selbst.

Ich passte in keinen normalen Sitz mehr hinein. Mein Fahrrad ächzte unter meiner Last. Liegestühle brachen unter meinem Gewicht zusammen. Füße von Hartplastikstühlen knickten ein. Hängematten rissen. Sprossen von Holzleitern brachen. Im Auto gab die Federung auf meiner Seite nach. Im Garten versanken die Stühle, auf denen ich saß, im Boden.

Natürlich bekam ich die Reaktionen der anderen Menschen mit. Nicht nur, wenn sie lauthals losgackerten oder mich mit besonders witzigen Kommentaren bedachten. Nein, auch wenn sie sich das Lachen gerade noch verkniffen, die Augen verdrehten, leise seufzten, tief auspusteten oder einfach nur den Kopf schüttelten, bekam ich es mit. Wer den Schaden hat, braucht bekanntlich für den Spott nicht zu sorgen. Jedenfalls ist ausgelacht zu werden kein schönes Gefühl. Auch Häme und Hohn nicht. Diese Reaktionen der Menschen auf meine Körperfülle brannten sich tief in meine Psyche ein. Ich fühlte mich unverstanden und zog mich — mit jedem Schlüsselerlebnis — immer weiter zurück. Ein Beispiel für solch ein Schlüsselerlebnis ist:

Die Geschichte mit Kalles Boot

»Mei, Kalle, ich möchte so gern wieder mal auf den See hinaus. Kannst du mich nicht mitnehmen?«, fragte ich erwartungsvoll.

»Jetzt hab ich grad erst das Boot hergerichtet!«, antwortete Kalle. »Du weißt doch, wie viel Arbeit das war.«

Nach ein paar statischen Bedenken gab Kalle meiner Bitte nach und sagte: »Gut. Wenn du unbedingt mit auf den See willst, dann treffen wir uns morgen um zehne, unten am Auhafen.«

Am nächsten Tag ging ich den schwimmenden Steg entlang und dachte: »Uff! Zum Glück hat Kalle die Persenning schon abgezogen.«

Kalle stand in seiner knallroten Badehose im Boot und kniff die Augen zusammen. »Glaubst du wirklich, dass du das schaffst?«

Ich blickte auf die 30 Zentimeter Wasser zwischen der Bugspitze des Bootes und der Anlegestelle. »Jaja, ich glaube, das geht.«

»Pass auf, damit du nicht durchbrichst! Nicht springen! Das ist ganz dünnes Holz. Weißt du, das ist für normale Leute gemacht — nicht für Walrosse.«

»Ha, ha, Kalle. Wahnsinnig witzig!«

Kalle schmunzelte. »Komm, wirf mir den Rucksack rüber.«

Gesagt. Getan.

Dann stieg ich auf die Mahagoniabdeckung des Buges, balancierte mich kurz aus und dachte: »Scheiße! Meine Beine zittern wie Espenlaub. Hoffentlich kriegt Kalle das nicht mit.«

Ich nahm meinen ganzen Mut zusammen und kletterte ins Boot. Ich zwinkerte Kalle zu und flunkerte. »Na? War doch ganz einfach.«

Kalle zog den linken Mundwinkel hoch und strich sich bedächtig über sein Kinnbärtchen. Er deutete mit dem Zeigefinger auf das Heck des Bootes und sagte: »Am besten setzt du dich da auf den Boden.«

Gesagt, getan.

Ich lehnte mich an die hölzerne Innenverkleidung, streckte die Beine aus und legte meine Unterarme auf die Seitenwände des Bootes. Dann war es endlich so weit. Wir fuhren auf den See hinaus. Der Außenbordmotor dröhnte hinter meinem Rücken und ich dachte: »Was für ein wunderschöner Tag. Die Weite, der Wind, das Wasser, die Sonne, die frische Luft, der Geruch des Sees. Ach, ist das herrlich!«

Draußen auf dem See warf Kalle zwei blaue, quadratische Rettungskissen ins Wasser und sagte: »Die kannst du als Luftmatratzen nehmen. Schau, da sind Laschen dran. Da kannst du reinschlüpfen.«

Gesagt. Getan.

Das Wasser war wohlig warm. Ich rollte und dehnte mich, ließ meinen schweren Körper vom

Wasser tragen. Ich schwamm, tauchte, kraulte, döste auf den Rettungskissen oder machte Unterwassergymnastik. Kurzum: Ich genoss jeden Augenblick dieses schwerelosen Daseins.

Zwei Stunden später versuchte ich mich zurück ins Boot zu hieven. Aber ich schaffte es nicht einmal auf die unterste Sprosse der Leiter. »Verdammte Scheiße!«, fuhr es mir durch den Kopf. »Kalle muss mich jetzt so ans Ufer schleppen. Mein Gott, wie ist das peinlich! Alle werden es sehen! Und danach werden sie sich das Maul zerreißen. Sie werden sagen, man hätte mich wie einen Blauwal, der an der Seite des Bootes hing, ans Ufer schleppen müssen.«

Mit dieser Vorstellung im Kopf schoss mir das Adrenalin bis zum Anschlag ins Gehirn. Ich mobilisierte meine allerletzten Kräfte. Ich stemmte meinen rechten Fuß in die Mitte der untersten Sprosse, holte Schwung und drückte das Knie voll durch.

»Scheiße! Kalle! Die Leiter ist geknickt«, rief ich zu ihm hoch.

»Eine Aluminiumleiter kann nicht knicken!«

»Diese hier schon.«

»Das ist jetzt nicht dein Ernst, oder?«

Ich schloss die Augen und zog beide Mundwinkel nach unten.

»Dir ist nicht zu helfen. Dir ist einfach nicht zu helfen! Ach, was sage ich? Mir! Mir ist nicht zu helfen. Wieso nehme ich dich überhaupt mit?«

Ein paar Versuche später lag ich, mit Kalles Hilfe, röchelnd im Boot und schnappte verzweifelt nach Luft. Da schwor ich mir: »Ich gehe erst wieder baden, wenn ich abgenommen hab.«

Ich schämte mich wegen meines fetten Körpers und wollte nicht, dass mich andere Menschen fast nackt sehen. Auch wenn ich es niemals zugegeben hätte: Ganz tief in meinem Innersten ekelte ich mich vor mir selbst.

Irgendwann gab ich zermürbt auf. Ich war gebrochen und glaubte selbst nicht mehr daran, mich aus diesem Teufelskreis befreien zu können. Um das alles irgendwie zu ertragen, schluckte ich morgens Antidepressiva und abends Schlaftabletten.

KAPITEL 3
Ich bin rund. Na und?

Was denken Schlanke über Dicke?

Die meisten Menschen denken, wenn sie einen Übergewichtigen sehen: »Mein Gott, ist der fett. Wie kann man sich nur so gehen lassen? Wie kann man es nur zulassen, dass es so weit kommt?« Die gängigsten Vorurteile gegenüber dicken Menschen sind: Sie seien dumm, faul, gefräßig, verantwortungslos, ließen sich gehen, hätten keinen Willen, keine Disziplin, schwitzten, stänken, seien unattraktiv und kosteten unser Gesundheitssystem viel zu viel Geld.

Ich fand Mittel und Wege, um die Vorurteile nicht weiter zu schüren. Wenn ich irgendwo zum Abendessen eingeladen war, schlug ich mir den Bauch schon vorher voll. Ich verzichtete dankend auf die Vorspeise. Zum Hauptgang schöpfte ich mir einen großen Teller Salat, auf den ich eigentlich gar keinen Gusto hatte. Den Nachtisch lehnte ich kategorisch ab und sagte: »Nein, danke. Ich bin satt.«

Ich hörte dann: »Du isst ja eigentlich gar nicht so viel. Ich kann gar nicht verstehen, wieso du so dick bist.«

War ich am Nachmittag zum Grillen eingeladen, hieß es: »Schlag zu! Hau tüchtig rein! Lass es dir schmecken. Und keine falsche Scham: Es ist genug für alle da.«

Ich riss mich zusammen und nahm mich beim Essen zurück. Später sagte mir die Gastgeberin: »Also, ich hab dich jetzt die ganze Zeit über beobachtet. Aber ich muss sagen, du isst eigentlich ganz normal. Das hat mich echt überrascht. Ich dachte, du würdest viel mehr essen. Weißt du, wir haben deswegen extra mehr eingekauft ...«

Am frühen Abend verabschiedete ich mich höflich und dachte: »Hoffentlich hört niemand, dass mein Magen knurrt.«

Zu Hause kochte ich dann noch groß auf.

Kalles Ernährungsberatung

Ungefähr drei Monate vor meinem KLICK-Moment klingelte das Telefon. Ich nahm ab und Kalle fragte: »Wo bist du? Soll ich raten? Du sitzt auf der Couch und fettest vor dich hin?«

»Ha, ha, Kalle. Wahnsinnig witzig. Aber ja, ich bin zu Hause.«

»Gut. Dann komme ich vorbei. Ich hab da was für dich.«

Zehn Minuten später saß Kalle neben mir auf der Couch und drückte mir ein A4-Blatt in die Hand. »Du faselst doch immer vom Fasten. Ich hab das im Internet recherchiert und für dich ausgedruckt. Lies mal.«

Da stand: »Heilfasten. Die ständige Nahrungszufuhr hemmt den natürlichen Zellreinigungsprozess (Autophagie). Erkennt die Zelle, dass Nahrungsknappheit besteht, beginnt sie, zellulären Müll abzubauen und zu recyceln. Dieser Prozess, im Volksmund Entschlackung genannt, beginnt in der Regel 12 bis 14 Stunden nach der letzten Nahrungsaufnahme.«

Ich sagte: »Weißt du, ich hab auch einmal zehn Tage lang nichts gegessen. Das wirkt wirklich extrem positiv.«

»Verstehst du jetzt?«, fragte Kalle. »Fasten ist eine innere Reinigung. Fasten hat nichts mit langfristigem Abnehmen zu tun. Lies weiter.«

Ich las: »Billionen von Mikroben bevölkern unseren Körper. Einige dieser Mikroben können schädlich sein, da sie Giftstoffe produzieren, während andere uns helfen. Diese Mikroorganismen spielen eine Schlüsselrolle bei der Verdauung und unserem Wohlbefinden. Die Vielfalt dieser Mikroorganismen im Darm hat in der westlichen Welt rapide abgenommen. Im Vergleich dazu beherbergen Menschen aus indigenen Kulturen bis zu zehnmal mehr verschiedene Mikroben. Studien zeigen, dass buntes Essen die Vielfalt der Mikroorganismen fördert.«

»Verstehst du?«, fragte Kalle. »Weil du immer das Gleiche isst, hast du ein gestörtes Mikrobiom. Du musst bunt und abwechslungsreich essen. Jetzt dreh das Blatt um.«

Da stand: »Die überschüssige Energie aus unserer Nahrung wird zuerst als Glykogen in der Leber und den Muskeln gespeichert. Sobald diese Speicher voll sind, wird der Überschuss als Fett im Fettgewebe abgelegt. Wenn du deinem Körper mehr Energie zuführst, als du verbrauchst, entsteht das, was wir Fett nennen.«

»Und? Was genau willst du mir damit sagen?«

»Ist das nicht offensichtlich? Du frisst zu viel und bewegst dich zu wenig!«

Ich rollte mit den Augen. »Ja, danke, Kalle. Darauf wäre ich nie gekommen.« Ich legte das Blatt Papier rechts neben mich auf das Seitenteil der Couch und gähnte genauso gelangweilt wie »Garfield«[9], der Lasagne-liebende Comic-Kater. »Das lese ich später«, sagte ich. »Komm, lass uns lieber Backgammon spielen.«

»Du brauchst professionelle Hilfe. Alleine schaffst du das nie! Geh doch mal zur Ernährungsberatung. Das ist für Walrosse gratis.«

»Weißt du, Kalle, das ist wirklich sehr nett, dass du dir Gedanken um mich machst. Doch für heute lassen wir es gut sein. Okay?«

Doch Kalle ließ nicht locker. »Eigentlich ist es ganz einfach. Tierische Fette, Weißmehlprodukte und Süßigkeiten solltest du ganz selten essen. Fleisch, Eier, Fisch und Milchprodukte höchstens zwei- bis dreimal die Woche. Gemüse und Früchte kannst du jeden Tag essen. Du musst viel Wasser trinken und das Wichtigste: viel Bewegung.«

»Du hast leicht reden. Wie soll das gehen? Mir tut alles weh! Ich kann mich kaum bewegen.«

»Alles geht, wenn man nur will!«, sagte Kalle schroff. »Schau, ich hab mir was überlegt. Wir brauchen einen Handziehkarren. Du bekommst ein Geschirr zum Ziehen. Wie ein Schlittenhund. Ich sitze mit der Peitsche hinten im Karren und treibe dich an. Was hältst du davon?« Kalle hätte sich vor lauter Lachen fast verschluckt.

»Ha, ha. Wahnsinnig witzig. Hast wohl heute deinen lustigen Tag.«

---

[9] Jim Davis, »Garfield«, United Feature Syndicate, New York, 1978.

»Nein«, sagte Kalle. »Ich meine das todernst. Du musst dich einfach mehr bewegen. Sonst stirbst du noch an Herz- und Leberverfettung. Jetzt lies das noch. Dann sind wir fertig.«

Ich las: »Erlaubt ist mageres Fleisch, fettarme Wurstsorten, Geflügel ohne Haut, fettarme Milch, fettarmes Naturjoghurt, fettarmer Käse, Magerfische, Eiklar, Naturreis, Gemüse gedünstet oder als Rohkost, Kerne, Samen, Obst, Salat, gekochte Kartoffeln, Vollkorn- oder Dinkelteigwaren, Tee und Mineralwasser.«

Ich schluckte so tief durch, dass mir der Frosch im Hals stecken blieb. Richtig angewidert rümpfte ich die Nase. »Also, ganz ehrlich. Davon schmeckt mir rein gar nichts.«

»Es geht nicht darum, was dir schmeckt!«, sagte Kalle. »Es geht darum, was gesund ist!«

Ich seufzte und las weiter: »Verboten ist Speck, Schweinebauch, Leberwurst, Mortadella, Salami, Butter, Mayonnaise, Crème fraîche, Sauerrahm, Zucker, Marmelade, Torte, Sirup, Kuchen, Schokolade, Nougat, Marzipan, Weißmehlprodukte, Süßigkeiten, Fettgebackenes, Fruchtsäfte, Fruchtnektar, Limonade, Brause, Speiseeis, Fruchtjoghurt, Nüsse, Speisetopfen, Fischkonserven in Öl oder Marinade, Eigelb, Vollmilch, Fettfische, Soßen, Käse ab 40 Prozent Fettanteil.«

Mit jedem verbotenen Nahrungsmittel sank meine Laune tiefer. Ich ließ mich in die Rückenlehne des Sofas sacken und verschränkte dabei demonstrativ die Arme. »Das ist doch zum Kotzen! Alles, was schmeckt, ist verboten. Da kann ich mir ja gleich die Kugel geben.«

Doch Kalle schien mich gar nicht zu hören. »Und der Sirup, den du den ganzen Tag über trinkst. Sirup hat so viel Zucker. Press doch stattdessen eine Zitrone aus. Eine Zitrone reicht für einen ganzen Liter Wasser. Das ist gesund, erfrischt und nimmt den Durst.«

»Ja, gut«, sagte ich um des lieben Friedens willen. »Das könnte ich versuchen.«

»Also«, sagte Kalle, »ich fasse zusammen ...«

»Bitte, Kalle, lass es jetzt gut sein. Komm, wir spielen Backgammon.«

»Dir ist nicht zu helfen. Dir ist einfach nicht zu helfen ...«

Wie geht es unseren Lieben?

Kalle thematisierte meine Fettsucht mir gegenüber offen und ehrlich. Obwohl er mir furchtbar auf die Nerven ging, bin ich ihm heute dankbar dafür. Vor allem, weil er mir immer nur unter vier Augen ins Gewissen redete. Falls sich so ein Mensch in unserem Umfeld befindet, sollten wir ihm dankbar sein.

Eine alleinerziehende Mutter, die selbst nie dick war, erzählte mir von ihrem Sohn. »Mit 15 Jahren 120 Kilo. Wie soll das bloß weitergehen? Er wird immer dicker. Dabei koche ich ganz normal. Ach, ihm fehlt einfach der Vater. Nein, wahrscheinlich bin ich selber schuld. Ich bin einfach zu schwach. Ich kann einfach nicht NEIN sagen.«

Etwas später schluchzte sie. »Weißt du, ich höre, wie er x-mal in der Nacht den Kühlschrank plündert. Mir bricht dabei jedes Mal das Herz. Es tut so weh. Was soll ich bloß machen? Ich kann einfach nicht mehr. Ich halte das nicht mehr aus …«

In diesem Gespräch wurde mir klar, welches Leid wir bei anderen verursachen, wenn wir nicht auf uns achtgeben. Nahestehende Menschen sorgen sich um uns, sie sehen, dass wir leiden, und leiden mit. Unsere Familie und unsere Freunde sind für uns da, und diese Menschen werden uns auch helfen auf unserem Weg.

Es ist so, wie Mahatma Gandhi sagte: »Wenn du für eine gute Sache kämpfst, scheinen dir Freunde wie Pilze aus dem Boden zu wachsen.«[10]

---

[10] Vgl. Mahatma Gandhi (1869–1948) politisches und religiöses Oberhaupt sowie Führer der pazifistischen Unabhängigkeitsbewegung Indiens.

Uns Dicken geht es gut

Als dicker Mensch fühlt man sich gar nicht so schlecht. Ich hatte mich ans Dicksein gewöhnt. Es war alles irgendwie normal: Atemnot, Schweiß, Hüften, Knie- und Rückenschmerzen. Das Einzige, was wirklich nervte, waren Menschen, die mich auf meinen fetten Körper ansprachen.

Obwohl ich jeden Tag in den Spiegel guckte, fiel mir nie auf, dass mein Kopf aufgedunsen war. Später sagte mir mein Physiotherapeut: »Jetzt, da du so abgenommen hast, sehe ich dich das erste Mal mit Hals.«

Da dachte ich zuerst: »Na, so schlimm war es nun auch wieder nicht.« Dann sah ich ein altes Foto an. »Mein Gott! Der hat ja vollkommen recht. Unglaublich! Dass mir das nie aufgefallen ist?«

Eine Mitbewohnerin erzählte, man hätte mich im dritten Stockwerk noch schnauben hören können, wenn ich das Haus betrat. Dabei wohnte ich im Parterre und musste nur fünf Stufen hochsteigen. Ich selbst empfand mein Keuchen damals, als ich noch 150 Kilogramm wog, als gar nicht so dramatisch. Ich hatte für alles eine Lösung: Versank der Stuhl im Rasen, legte ich unter die dünnen Stuhlbeine vier Dachziegel. Brach der Lattenrost meines Bettes zusammen, legte ich die Matratze auf den Boden. Passte ich in keine normale Hose mehr hinein, trug ich eben Jogginghosen. Wurde die Kleidung zu klein, kaufte ich eine Nummer größer. Bekam ich ein Doppelkinn, ließ ich mir einen Ziegenbart wachsen. Musste ich Treppensteigen, machte ich pro Etage eine Minute Pause.

Irgendwann — so circa ab 135 Kilogramm — schmerzten meine Unterschenkel fast täglich. Der Gummizug meiner Socken biss sich so fest in die Waden, dass sich die Struktur des Sockenbündchens stundenlang in meine Haut einbrannte. Anstatt meine Lebens- und Ernährungsgewohnheiten zu ändern, trug ich lieber Socken ohne Gummizug, sogenannte Diabetikersocken.

In einigen Adipositas-Selbsthilfe-Foren raten Betroffene dazu, sich selbst so zu lieben und zu akzeptieren, wie man ist. Frei nach dem Motto: »Du bist rund? Na und? Mollig ist schön. Steh zu dir und deinem Körper. Wer dich wirklich liebt, liebt dich so, wie du bist.«

Ich kann es verstehen, da ich auch so dachte. Doch aus heutiger Sicht tun mir dicke Menschen leid. Selbstliebe ist natürlich wichtig, aber sie sollte nicht in Selbstbetrug münden.

Dicke Menschen, die den Willen zur Veränderung aufgaben, erinnern sich nicht mehr daran, wie es sich anfühlte, als sie noch schlank waren. Menschen, die immer schon dick waren, können erst recht nicht wissen, wie es ist, schlank und beweglich zu sein. Wie es sich anfühlt, beachtet zu werden. Wie es ist, wenn man sexy Blicke anstatt Kopfschütteln erntet.

Abnehmen wirkt äußerst positiv auf Körper, Seele und Geist. Sogar die Art und Weise, wie ich die Welt sehe und wie die Welt mich sieht, veränderte sich. Doch dafür war mein dickes Ich, mit seinen dicken Gefühlen, zuvor blind.

Am einfachsten wäre es, wenn ich die Gefühle dieser inneren und äußeren Verwandlung vermitteln könnte. Doch da geht es mir wie Pu[11], der von Ferkel über die Liebe befragt wurde.

Ferkel: »Wie würdest du Liebe erklären?«

Pu: »Man erklärt sie nicht, man fühlt sie!«

Adipositas war eine Qual

Im Nachhinein betrachtet war mein altes fettes Leben die Hölle. Schon der Start in den Tag war eine körperliche Tortur, die mich oft an meine Grenzen brachte. Ich rieb mir den Schlaf aus den Augen, gähnte und dachte: »So! Jetzt erst einmal kräftig durchstrecken.«

Dann streifte ich die Bettdecke mit den Füßen ab und drehte mich — mit Ächzen, Stöhnen und Schnauben — so lange auf die Seite, bis

---

[11] Alan Alexander Milne, »Pu der Bär«, Verlag Williams & Co., Berlin, 1928.

beide Knie über die Bettkante hingen und mein Kopf, Oberkörper und Beine wieder eine gerade Linie bildeten. Nach dieser Drehung um 90 Grad sah ich zur Schlafzimmerdecke hoch, japste und dachte: »Ganz ruhig. Ruhig atmen. Lass dir Zeit. Das geht gleich wieder. Nur eine kleine Pause. Ein bisschen noch. Nur noch ein bisschen ...«

Nach einer Minute fragte ich mich: »Bereit?«

»Ja. Ich bin bereit.«

»Gut. Na, dann: Eins, zwei ... drei!«

Mit einem massiven Kraftaufwand und einem gewaltigen Stöhnen begann ich, meinen schweren Oberkörper aufzurichten. Im letzten Fünftel dieser Bewegung, von der Horizontalen in die Vertikale, stützte ich mich mit den Händen hinter dem Rücken ab und hielt diese Position für etwa zehn Sekunden. Auspusten. Herunterfahren. Langsam wieder atmen. Auf die finale Aufrichtbewegung fokussieren.

»Bereit?«

»Ja.«

»Na, dann: Eins, zwei ... drei!« Ich drückte die Ellenbogen durch und stieß mich mithilfe von Handballen und Fingerkuppen in die finale Sitzposition hoch. Geschafft! Mit Mühe und Not, aber geschafft. Ich saß mit dem Hintern auf der Bettkante und spreizte die Beine. Plumps. Meine Wampe sackte zwischen meine Oberschenkel. Atmen. Frei atmen. Mit einem lauten »Hüüüh!« sog ich die Luft bis in die letzten Winkel meiner Lunge ein. Ich dachte: »So, jetzt eine kleine Pause. Lass dir Zeit. Langsam atmen. Ganz langsam ...«

Dann war volle Konzentration angesagt.

Denn jetzt einfach aufzustehen, war in dieser Sitzposition unmöglich. Dafür saß ich mit dem Gesäß viel zu weit unten. Ohne Armlehnen gab es nur eine Möglichkeit: Ich musste mehrere Male nach vorn und zurück schaukeln, um mich so, mit ausreichend Schwung und mithilfe der Schwerkraft, vom Sitzen ins Stehen zu katapultieren.

Damit mir mein Bauch beim Nachvornbeugen des Oberkörpers nicht wieder die Luft aus der Lunge presste, grätschte ich die Beine noch weiter auseinander — wodurch meine Wampe noch tiefer hinuntersackte. Ich dachte: »Mein Gott! Ich bin ein Hängebauchschwein! Ein fettes, grausiges Hängebauchschwein.«

Dieses Mich-Hochschaukeln empfand ich als extrem erniedrigend, obwohl ich in diesen Momenten ja immer allein war und es niemand sah. Die sogenannte Realität brach für einen Augenblick zu mir durch, lag offen da, und das für alle Offensichtliche manifestierte sich nun auch für mich. Mich freihändig hochzuschaukeln war unmöglich. Dazu hatte ich einfach zu viel schwabbeliges Bauchfett. Dieser Wackelpudding musste erst einmal stabilisiert werden.

Ich neigte meinen Oberkörper nach vorn und streckte die Hände den Knien entgegen. Schultern, Finger, Rücken- und Halswirbel knacksten. Für den letzten Zentimeter presste ich meinen Brustkorb gegen den Bauch und atmete dabei ganz aus. Mit letzter Kraft krallte ich meine Fingerkuppen in die Kniescheiben.

Geschafft. Mein Bauch klemmte nun zwischen meinen Armen fest.

Jetzt musste alles ganz schnell gehen, denn länger als sechs Sekunden konnte ich den Atem nicht anhalten. Ich machte einen Katzenbuckel und lehnte mich leicht zurück. Dadurch hoben sich meine angewinkelten Beine an. Ich dachte: »Vorsichtig. Ganz vorsichtig.«

Jetzt musste ich wirklich vorsichtig sein, denn bei zu viel Schwung quetschte sich mein Brustkorb ein und mir wurde schwarz vor Augen. Mir war es schon passiert, dass ich vornüber auf den Boden knallte. Einmal hätte ich mir dabei fast einen Zahn ausgeschlagen.

So schaukelte ich mich langsam an die optimale Sprunggeschwindigkeit heran.

»Eins ... zwei ... drei!«

Meistens gelang es nach einigen Versuchen. Manchmal war es aber auch wie verhext. Es wollte und wollte einfach nicht gelingen. Entweder hatte ich zu viel oder zu wenig Schwung, oder ich rutschte mit den Fingerkuppen von einer der Kniescheiben ab. Je öfter es fehlschlug, desto aggressiver meldeten sich die Gedanken. »Jetzt komm schon, du fette Sau! Das darf doch nicht wahr sein! Ist es jetzt so weit? Muss man dich jetzt mit einem Lastenkran aus dem Bett hochheben — wie ein Walross?«

»Nein! Nein! Ich schaffe das!«

»Dann reiß dich zusammen!«

»Eins ... zwei ... drei ...«

Ein paar Minuten später hatte ich es geschafft.

Ich stampfte in die Küche und dachte: »Kaffee. Ich brauche jetzt einen Kaffee.«

Nach dem ersten Kaffee rumorte mein Magen, mein Darm brodelte. Mein Stuhlgang war meistens bockhart und dick wie eine Anakonda. So war der morgendliche Gang aufs WC ständig von einem mulmigen Gefühl begleitet: Angst vor den Schmerzen, Angst vor der nächsten Hämorrhoiden-Operation.

Ich saß auf dem Toilettensitz und dachte: »Hoffentlich geht es heute.«

»Nein — bitte — nicht. Autsch! Scheiße, tut das weh! Mist! Muss das jetzt sein?«

»Du musst drücken! Drück es raus!«

»Oh Gott — tut das weh!«

Ich stoppte und hoffte auf einen natürlichen Abgang, ein schmerzfreies Herausflutschen des Stuhlgangs. Zehn qualvolle Minuten später gab ich die Hoffnung auf, biss auf die Zähne und presste. Das Blut schoss in mein Gehirn.

Die Tränen flossen über meine Wangen. Ich dachte bloß: »Bitte, bitte, nicht noch eine Hämorrhoiden-OP.«

»Drücken! Du musst drücken! Fester! Fester!« Es tat so weh, dass ich dachte, der Anus reißt. Als es dann endlich klappte, quittierte ich das Ganze mit einem lauten und erlösenden: »Boah!« Ich wischte mir die Augen mit den Handballen trocken und dachte: »Zum Glück steht das Klo neben dem Waschbecken.«

Beim Aufstehen konnte ich den Waschbeckenrand als Armlehne nutzen. Mit der linken Hand stützte ich mich an der Wand ab. Mit Ächzen, Würgen und Stöhnen drückte ich Knie und Ellenbogen durch. Es war ein Kraftakt. Die Oberschenkel und die Bizepse brannten. Ich sah in die Kloschüssel und dachte: »Oh mein Gott! Was für ein gigantischer Schiss!«

Meine Exkremente quollen zehn Zentimeter über die Wasseroberfläche des Siphons hervor. Es roch ekelhaft. Verfault und ätzend zugleich. So wie Entengrütze auf einem verwesenden Kadaver. Ich hielt mir die Nase zu, betätigte die Toilettenspülung und dachte: »Ein Wunder, dass die das schafft.«

Die Spülung hatte wirklich jedes Mal Mühe, den Berg voll Fäkalien durch das Abflussrohr zu pumpen. Dabei schwappte das Wasser beinahe bis zur Oberkante der Toilettenschüssel hoch. Einmal wäre sie dabei fast übergelaufen.

»Pfü, Pfü, Pfü«, tönte der Raumspray.

Ich wischte mir den Hintern ab und dachte: »Scheiße, tut das weh.« Dann sah ich auf das Toilettenpapier in meiner Hand und murmelte: »Kacke. Wieder alles voller Blut.«

Da mein Stuhlgang ungemein schmierig war, verbrauchte ich Unmengen an Toilettenpapier.

Ich musste mich acht-, neun- oder zehnmal putzen, bevor ich sauber war. Das war gar nicht so einfach. Ich schaffte es ja kaum, mich so weit nach hinten zu drehen, um mit den Fingerspitzen eine Gesäßbacke zu erreichen. Das gelang nur mit einer Verrenkung, die gefühlt der eines Schlangenmenschen glich. Mit jedem Mal hechelte ich flacher und schneller. Schweißtropfen perlten von meiner Stirn. Bei jedem Fehlschlag fluchte ich: »Die ewige Putzerei kackt mich an. Und wie das schmiert! Das ist doch nicht normal! Bockhart und schmierig?«

Diese Flut an Toilettenpapier erschuf ein weißbraunes Knäuel, dessen Wölbung mehrere Zentimeter über dem Toilettenrand herausragte. Müßig zu erwähnen, dass das Hinunterspülen des Toilettenpapiers nur mit einem vollen Spülkasten funktionierte.

Nach dieser kolossalen Kraftanstrengung öffnete ich das Fenster und — Pfü, Pfü, Pfü — versprühte Zitronenduft. Ich stampfte in die Küche und dachte: »Kaffee. Ich brauche jetzt einen Kaffee.«

Zwei Minuten später setzte ich mich mit der Kaffeetasse auf die Couch und dachte: »Gott, tut das weh! Ich brauche eine Wundsalbe.«

Ich neigte meinen Oberkörper zur Seite und stützte mich mit dem rechten Ellenbogen auf dem Seitenteil der Couch ab. So verlagerte sich mein Sitzfleisch auf die rechte Pobacke. Das linderte den Schmerz ein wenig.

Ich dachte: »Was soll's? Die Römer haben auch im Liegen getrunken.«

Nach 30 bis 40 Minuten folgte der Stuhlgang Nummer zwei. Diese nervtötende Strapaze wiederholte sich morgens mindestens dreimal.

Es dauerte zwei Stunden, bis der Darm vollständig entleert war. Das hieß drei- bis viermal Schmerzen bei der Darmausscheidung, 24 bis 40-mal das Gesäß mit Toilettenpapier reinigen und den After wundscheuern, bis zu hundert Verrenkungen. Bei sechs bis acht Spülungen, Stuhlgänge und Toilettenpapier zusammengerechnet, verbrauchte ich bis zu 72 Liter Wasser.

Ich war wirklich heilfroh, wenn ich dieses schmach- und schmerzhafte Prozedere hinter mir hatte. Danach stieg ich in die Badewanne und drehte die Brause auf. Ich stützte mich mit den Händen an den Fliesen ab und ließ das warme Wasser über meinen Rücken laufen. Ausblasen. Herunterfahren. Atemzug um Atemzug ruhiger werden.

»Boah, tut das gut ... Herrlich ... Ein bisschen noch ... Nur noch ein bisschen so stehenbleiben.«

Ich schrubbte den Rücken, das Gesäß und die Beine mit einer langen Saunabürste ab. Den Rest seifte ich von Hand ein. Das Duschgel brannte wie Feuer an meinem geschundenen After.

»Nutzt nichts«, dachte ich. »Augen zu und durch. Schnell, schnell sauber machen. Schnell, schnell abduschen.«

Ich nahm die Handbrause aus der Halterung, drehte den Wasserhahn auf und duschte mich minutenlang eiskalt ab. Ich dachte: »So, das verbraucht jetzt ordentlich Kalorien, weil der Körper ja Energie verbrennen muss, um die Körpertemperatur stabil zu halten.«

Meine Zähne klapperten ununterbrochen. Zwischendurch zischte ein »Boah« oder ein »Brürr« über meine Lippen. Obwohl ich wie ein Schlosshund schlotterte, trocknete ich mich nicht ab. Die ganzen Verrenkungen waren mir einfach viel zu anstrengend. »Warum soll ich mir das antun, wenn ich an der Luft von ganz alleine trockne?«

Zum Einfädeln der Unterhose setzte ich mich auf die Bettkante. Ich grätschte die Beine — plumps — und stellte den rechten Fuß auf die Ferse. Dreimal kurz auspusten und los ging es. Ich atmete synchron mit dem Hinunterbeugen aus, hielt den Atem an und versuchte, den

Beinansatz der Unterhose — wie ein Schmet-terlingsnetz — über die Zehen zu stülpen. Ge-schafft! Ich war heilfroh, wenn es schon beim ersten Mal klappte.

Ich richtete meinen Oberkörper auf und schnappte gierig nach Luft. Eine Minute Pause. Durchatmen. Langsam herunterfahren. Lang-sam wieder zu Atem kommen.

Um auch mit dem linken Fuß in die Unterho-se zu schlüpfen, musste ich die gegrätschten Beine wieder schließen. Je enger ich die Knie zusammenführte, desto mehr schnürte mein Bauch meinen Brustkorb ein. Um mich aus die-sem Würgegriff zu befreien, ließ ich mich rück-wärts auf die Matratze fallen. Da ich die Unter-hose am Fußboden nun nicht mehr sehen konnte, musste ich dem Tastsinn meiner Zehen vertrauen. Das war zur Abwechslung einmal eine angenehme Aufgabe. Ich lag bequem auf der Matratze, konnte frei atmen und dachte: »So! Ich mache jetzt Halbzeitpause.«

Nach ein paar Minuten hatte ich es geschafft. Ich schob die Unterhose mit dem rechten Fuß bis zum linken Knie hinauf, griff hinunter und zog sie hoch. »Mist! Falsch rum angezogen! Verdammte Kacke! Muss das jetzt sein? Ruhig. Ganz ruhig. Gut. Na, dann: Da capo. Nochmals von vorn …«

Zehn Minuten später waren die Socken dran. Mit Daumen, Zeige- und Mittelfinger fasste ich den äußersten Rand des Sockenbündchens. Jetzt kam es auf jeden Millimeter an. Ich schloss die Augen, atmete dreimal ruhig durch und fragte: »Bist du bereit?«

»Ja«, antwortete ich. »Ich bin bereit.«

»Na, dann: Eins, zwei … drei!«

Obwohl ich die Knie und das Fußgelenk voll anzog, gelang es mir nicht, die Socke über die Zehen zu stülpen. Mit jedem Fehlschlag schnaufte ich lauter und schneller. In diesen Momenten kam mir häufig Franz Kafkas »Die Verwandlung«[12] in den Sinn. Ich fühlte mich wie ein Käfer auf dem Rücken, der mit den Beinen nach Luft strampelt. Nach dem vierten Versuch keuchte ich mit weit offenem Mund: »Pause! Ich kann nicht mehr! Bin fertig. Total fertig.«

»Ruhig atmen. Langsam. Das geht bald wieder. Lass dir Zeit. Eine Pause wird dir guttun.«

Fünf Minuten später hing die Socke wie eine Zipfelmütze an meinem großen Zeh. Da ich den Sockenbund kaum mit den Fingerspitzen erreichte, musste ich Stück für Stück vorgehen. Pro Socke benötigte ich zwei bis drei Sit-ups, um den Stoff über die Zehen zu ziehen, und drei bis vier Sit-ups für die Ferse. Ich machte Sit-up für Sit-up, bis zur absoluten Erschöpfung. Atemnot. Schwindel. Herzrasen. Egal. Normal. Mit einem Ruck zog ich die Socke über

---

[12] Franz Kafka, »Die Verwandlung«, Verlag der weißen Blätter, Leipzig, 1915.

die Ferse. »Scheiße! Die ist gerissen. Mist! Das ist schon die zweite die Woche ...«

Auf einem Bein stehend in die Jogginghose zu schlüpfen, war für mich fast unmöglich. Der Balanceakt gelang mir, wenn überhaupt, meist erst nach einigen Versuchen. Ein ums andere Mal wäre ich dabei fast gestolpert. Doch ich blieb störrisch wie ein Maulesel. Ich wollte mir unbedingt beweisen, dass ich die Jogginghose im Stehen anziehen kann. Anstatt aufzugeben, feuerte ich mich an: »Ich schaffe das! Nein, nein, so weit ist es noch nicht! Das wäre doch gelacht! So! Jetzt volle Konzentration: Eins, zwei ... drei!«

Die Gleichgewichtsstörungen waren unübersehbar. Egal. Normal. Bei jedem Fehlschlag schoss noch mehr Adrenalin ins Gehirn. Mit jedem Atemzug hechelte ich noch schneller. Der Puls raste. Das Blut schoss in meinen Kopf. Ein Stich im Herzen. Alles drehte sich. Ich verheddterte mich in der Jogginghose und hüpfte auf einem Bein auf das rettende Bett. Vollkommen ausgepumpt und nassgeschwitzt lag ich auf der Matratze und schnappte nach Luft. »Hüüüh! Hüüüh!« Nach drei Minuten wechselte ich die Strategie und zog die Hose im Liegen an.

Nach dem — ächz, stöhn, schäm — Hochschaukeln zwängte ich mich ins T-Shirt. Dann schlüpfte ich mit den Händen in die Ärmel des

Pullovers hinein. Ich stülpte ihn über den Kopf und trieb mich an. »Zieh! Zieh! Fester!«

»Ich kann nicht mehr! Ich kriege keine Luft!«

»Ganz ruhig. Es ist nur eine Panikattacke.«

Ich steckte im Pullover fest. Konnte nichts sehen. Eingesponnen wie in einem schwarzen Kokon. Atemnot. Beklemmung. Panik. Verzweiflung. Letzter Ausweg: rohe Gewalt. Mit aller Kraft zwängte ich meine Schädeldecke durch den runden Halsausschnitt des Pullovers. »Zieh! Zieh! Scheißegal, wenn der Pulli reißt.«

»Ich krieg's nicht über die Ohren drüber!«

»Okay, dann jetzt volle Kanne!«

Ich mobilisierte meine letzten Kräfte. Mit einem Gewaltakt riss ich den Pullover über meinen Kopf und zog ihn nach unten. Ich japste und dachte: »Kaffee. Ich brauche jetzt einen Kaffee.« Noch schlimmer war es, wenn ich den Pullover auszog. Da steckte ich so gut wie immer fest — manchmal für drei, vier, fünf Minuten. Klaustrophobie, Verzweiflung, Wut, Tränen, Selbstmitleid, Panikattacken.

Meine aufgedunsenen Schweißfüße passten in keine normalen Schuhe hinein. Irgendwann trug ich nur noch Turnschuhe der griechischen Siegesgöttin, da diese schön breit geschnitten waren und sich mit der Zeit auch dehnten. In die Turnschuhe hineinzuschlüpfen war ohne Schuhlöffel nahezu unmöglich.

Das Binden der Schuhe forderte mir nochmals alles ab. Dabei hatte ich immer das Gefühl, dass mein krebsroter Kopf gleich platzt. Ich stellte einen Fuß auf den Stuhl, holte tief Luft und atmete beim Hinunterbeugen ganz aus. Dann zog ich den Bauch ein, hielt den Atem an und reckte meine Finger den Schnürsenkeln entgegen. Dabei dehnte ich die Arme so sehr, dass ich dachte: »Du kugelst dir noch die Schultern aus.«

Fünf Sekunden später richtete ich meinen Oberkörper auf und rang nach Luft. »Oh Mann! Ich bin fertig! Vollkommen fertig.«

Obwohl ich pro Schuh meistens mehrere Versuche benötigte, war es ein perfektionierter Bewegungsablauf. Besser ging es einfach nicht.

Die simpelsten Dinge, wie beispielsweise die Zehennägel zu schneiden, wurden zur körperlichen Herausforderung.

Mein Blutdruck lag inzwischen bei 200. Der Internist diagnostizierte Hypertonie, drückte mir ein Rezept in die Hand und sagte: »Das sind die stärksten blutdrucksenkenden Medikamente, die es gibt. Sie werden sehen, damit geht es Ihnen auch mit Ihren Panikattacken besser.«

Als ich dieses Medikament das erste Mal einnahm, war es eine unbeschreibliche Wohltat. Ich sog die Luft bis in die letzten Winkel meiner Lungenflügel ein, hielt kurz den Atem an — und blies befreit aus. Es war wie ein eiskalter

Wasserfall, der meinen Organismus in ein paar Minuten herunterkühlte.

»Wow!«, dachte ich. »Ein Hoch auf die Pharmaindustrie.«

Eine Zeit lang ging es mir durch das Medikament besser, doch ich wurde immer dicker und es kam, was kommen musste. Bald darauf wurde jeder Schritt zur Qual. Rücken, Hüften, Knie- und Sprunggelenke schmerzten. Die Haut spannte. Mir tat alles weh. Anstatt mein Leben zu ändern, schluckte ich Schmerztabletten.

Lucius Annaeus Seneca sagte: »Nicht, weil es schwer ist, wagen wir es nicht, sondern weil wir es nicht wagen, ist es schwer.«[13]

---

[13] Lucius Annaeus Seneca (1–65 n. Chr.) römischer Philosoph, Stoiker, Dramendichter und Politiker.

KAPITEL 4
Alle Macht kommt von innen

Selbst entscheiden

Als es bei mir KLICK machte, entschied ich mich, allen Unkenrufen zum Trotz, nur noch abends zu essen. Wie bereits erwähnt, dachte ich: »So, ich ziehe das jetzt durch, und zwar auf meine Art!« Ich hatte keinen Plan, kein Ziel, keine Erleuchtung, wusste nicht, ob es funktionieren würde. Doch die Entscheidung, auf mich selbst zu hören, gab mir Zuversicht. Ich war guten Mutes und dachte an das siebte Prinzip der hawaiianischen Schamanen: »Wirksamkeit ist das Maß der Wahrheit«[14]. Dann sagte ich mir: »Ich tu jetzt bloß noch, was funktioniert.«

---

[14] Eva Ulmer-Janes, »Magie im Management«, Iberia Verlag, Wien, 2000.

Ähnlich dachte auch Apple®-Mitbegründer Steve Jobs[15], der nur die besten Ideen in seine Produkte integrierte. Genauso handhabte es auch Leonardo da Vinci[16], und wahrscheinlich taten das auch schon unsere frühesten Vorfahren. Da ich nur mit vollem Magen einschlafen konnte, lag es für mich auf der Hand, tagsüber zu fasten und erst abends zu essen. Doch damals hieß es, abends zu essen sei schlecht. Nur einmal am Tag zu essen sei schlecht. Vor der Glotze zu essen sei schlecht. Nudeln zu essen sei schlecht. Schnell zu essen sei schlecht. Ich zog es trotzdem durch.

Bis heute esse ich meist nur einmal am Tag, esse immer am Abend und bin beim gemeinsamen Essen immer als Erster fertig. Wir kennen uns selbst am besten und müssen deshalb auch für uns selbst entscheiden. Die Lösung kann nur von innen kommen. Deswegen: Denk für dich selbst. Lass dir nicht reinreden. Du entscheidest — und niemand sonst. Wer für sich selbst entscheidet, gibt nicht gleich auf, nur weil es beim ersten Versuch nicht funktioniert. Das ist ein unschätzbarer Vorteil. Denn wer für sich selbst entscheidet, kann mit Versuch und Irrtum arbeiten. Klappt das eine nicht, versucht

---

[15] Steve Jobs (1955–2011) Mitbegründer und langjähriger CEO von Apple Inc.®

[16] Leonardo da Vinci (1452–1519) italienischer Maler, Bildhauer, Architekt, Ingenieur und Naturphilosoph.

man eben etwas anderes. Frei nach dem Motto: »Wenn deine Strategie nichts verändert, ändere du deine Strategie.«

Ein Beispiel: Al dente gekochte Nudeln werden langsamer verdaut und sättigen länger, heißt es. Mit derselben Menge Trockengewicht testete ich »mit Biss« und »weichgekocht«.

Das Völlegefühl bei »al dente« war eindeutig schlechter. Ich dachte: »Mir egal, was es heißt. Mit den Weichen kann ich besser einschlafen. Ich setze aufs Volumen.« Später verfeinerte ich den Ansatz und stellte auf dicke Makkaroni um, da diese das Volumen noch weiter aufblähen.

Am meisten überraschte mich dabei, wie tiefenentspannt ich auf Fehlversuche reagierte. Ich sagte mir in aller Seelenruhe: »Abhaken und weiterprobieren.« Irgendwie fiel auch der ganze selbst auferlegte Druck ab, als hätte ich plötzlich alle Zeit der Welt gepachtet. Es ist dieses unvergleichliche Gefühl, das eigene Leben selbst in die Hand zu nehmen und sich nicht mehr bevormunden zu lassen. Ich fühlte mich wie ein Vogel, der seinem Käfig entflieht und beim ersten Flügelschlag die Freiheit spürt.

Ernährungstrends

Trennkost, Ayurveda-Diät, Rohkost, laktosefrei, Paleo, Low Carb, Clean Eating, vegane Kost, glutenfrei, Detox, Superfood, intuitive Essweise, flexitarisch, Fleischersatzprodukte ...

Immer wieder setzt sich ein neuer Ernährungstrend durch. Dann heißt es: Das ist die Lösung, nun sind wir uns sicher, jetzt wissen wir es. Ein paar Wochen später erscheint schon der nächste Trend. Dann heißt es wieder: Das ist die Lösung, nun sind wir uns sicher, jetzt wissen wir es. Seit Jahrzehnten pushen Zeitschriften und Magazine einen Ernährungstrend nach dem anderen. Verständlich: Wer schlachtet schon eine Gans, die goldene Eier legt? Und ein Magazin mit der Cover-Headline »Erfahren Sie alles über den neuesten Ernährungsirrtum!« lässt sich halt schlecht verkaufen.

Was als gesund gilt und was nicht, scheint mehr vom Zeitgeist als von Fakten bestimmt zu werden. Ein Beispiel aus der Mottenkiste: Käseersatz war früher verpönt. Das sei doch kein richtiger Käse, rümpfte man die Nase. Heute sieht das ganz anders aus: Da für Käseersatz, beispielsweise aus Cashewkernen, keine Tiere ausgebeutet werden, genießt er in der veganen Gemeinschaft einen ausgezeichneten Ruf.

Laut »The BMJ«[17] sollen wir auch nicht jeder Ernährungsstudie vertrauen, denn Lebensmittelstudien seien in vielerlei Hinsicht fehleranfällig und widersprüchlich.

Wie die renommierte Fachzeitschrift »The Lancet«[18] berichtete, sind 97 Prozent aller als relevant geltenden wissenschaftlichen Studien zum Thema Lebensmittel von den Herstellern in Auftrag gegeben und bezahlt.

Wem also glauben?

Wie finden wir uns zurecht in diesem Dschungel aus Lug und Trug? Vielleicht hat es Buddha am schönsten gesagt: »Wenn ihr irgendwelche Lehren hört, dann glaubt sie nicht, nur weil ihr sie gehört habt und weil sie überliefert wurden oder weil andere dieser Meinung sind. Glaubt nicht, nur weil es in heiligen Schriften steht oder weil es sich logisch und vernünftig anhört. Vertraut keinen erdachten Theorien und auch nicht dem, woran viele glauben.«[19]

---

[17] British Medical Journal, »Evidence and Uncertainty in Nutrition Research«, BMJ Publishing Group, London, 2023.

[18] The Lancet, »Conflict of Interest in Nutrition Research«, Elsevier-Verlag, London, 2022.

[19] Buddha, Siddharta Gautama (circa 500 v. Chr.) indischer Begründer des Buddhismus.

Aus der Sicht Buddhas ist es wichtig, Lehren kritisch zu hinterfragen und auf die Wirksamkeit im eigenen Leben zu überprüfen.

Selbst informieren

Als ich noch dick war, sagte meine Tante Marlene einmal zu mir: »Schau auf die Inhaltsstoffe! Wenn da irgendwo eine E-Nummer steht, dann leg den Artikel zurück ins Regal.«

»Na, so schlimm wird es schon nicht sein«, antwortete ich. »Schließlich leben wir hier in Österreich. Da gibt es eine Lebensmittelbehörde, eine Gesundheitspolizei und«, ich holte tief Luft, »den Konsumentenschutz.«

Marlene schüttelte den Kopf und atmete ebenfalls tief durch. »Mei, Martin. Sei nicht so naiv. Überall geht es nur ums Geld. Beschäftige dich lieber mal mit dem Thema.«

Ich dachte: »Papperlapapp. Warum sollten Lebensmittel, die man in österreichischen Supermärkten kaufen kann, ungesund sein?«

Leider mutierte ich erst nach dem Abnehmen zum Sherlock Holmes[20] der Inhaltsstoffe. Nach dem stundenlangen Durchforsten aller E-Nummern dachte ich: »Krass! Das sind ja zum Teil extrem bedenkliche Zusatzstoffe. Wahnsinn! Je

---

[20] Arthur Doyle, »A Study in Scarlet«, Ward, Lock & Co., London, 1887.

länger das Haltbarkeitsdatum, desto kürzer mein Leben.« Ich sagte mir: »Wenn nur verarbeitete Lebensmittel mit E-Nummern versetzt werden dürfen, kaufe ich halt unverarbeitete ein.«

Genauso schockiert las ich die ellenlange Liste der hochgiftigen Pestizide, die in unseren Feldern und Nahrungsmitteln stecken. Seitdem wasche ich Obst und Gemüse besonders penibel. Verhaltensverändernd wirkten bei mir auch Informationen über die unsagbar grausame Massentierhaltung und deren zerstörerische Wirkung auf unsere Gesundheit und die Natur. Auch Informationen über Getränke, Fette, Weißmehl-, Industriemilch- und Fertigprodukte änderten mein Einkaufsverhalten. Doch dazu musste ich zuerst meine rosarote Gartenzwerg-Idyllen-Brille abnehmen. Dann galt es, das geistige Korsett meiner Gutgläubigkeit — mit Lebensmittel-Scanner-, E-Nummern- und Bio-Siegel-Apps — Öse für Öse aufzuschnüren.

Machen wir uns nichts vor: Bei so komplexen Themen nützt es wenig, etwas nur gesagt zu bekommen oder widerwillig durchzulesen.

Deshalb müssen wir selbst recherchieren, selbst entscheiden, welchen Informationsquellen wir vertrauen, selbst bestimmen, wann und womit wir beginnen und wie tief wir uns in bestimmte Themen einarbeiten. Der Impuls muss von innen kommen. Die Neugier muss dich packen. Du musst wissen wollen. Kurzum: Mach dich schlau. Es lohnt sich. Wer hätte beispielsweise gedacht, dass die meisten Müslis durchschnittlich 40 Prozent Zucker und 30 Prozent Fett enthalten? Um mir die Zusammensetzung plastisch zu veranschaulichen, fantasiere ich mir einen Messbecher aus Glas herbei, den ich in zehn Striche unterteile. Bis zum vierten Strich fülle ich ihn mit weißem Industriezucker. Weitere drei Striche stelle ich mir als weiße Fettschwarte vor. Das hilft mir irgendwie. Und denk dran: Kleinvieh macht auch Mist. Hier ein Schokoladenriegel, da ein Cappuccino: Auf das Jahr hochgerechnet kommt so einiges zusammen.

Also: Kontrolliere wirklich alles, was du zu dir nimmst. Dann teste, was du umstellen, wo du was einsparen und wie viel du wo reduzieren kannst. Ignoriere beim Einkaufen die Vorderseite der Verpackung. Schau auf die Inhaltsstoffe und frage dich: Ist das wirklich gut für mich?

Supermärkte

Es ist nicht immer einfach, den Versuchungen beim Einkaufen zu widerstehen. Hier ein Gratis-Probier-Häppchen, dort ein Angebot, das mich anlacht. Wie soll man sich nur all diesen Verlockungen entgegenstellen, vor allem dann, wenn man genügend Zeit zum Verweilen hat? Ich hatte da zum Glück einen krankheitsbedingten

Vorteil: Wegen meiner Sozialphobie flitzte ich wie Speedy Gonzales[21] durch die engen Gänge der Supermärkte. Je länger ich mich im Laden aufhalten musste, desto schlimmer wurde die Panikattacke. Darum hatte ich alles akribisch vorbereitet, denn ich wollte so schnell wie möglich wieder aus dem Discounter hinaus. Ich wusste genau, wo die Artikel, die ich besorgen wollte, platziert waren. Um keine unnötigen Meter zu machen, schrieb ich die Einkaufsliste schon in der richtigen Reihenfolge. Das hinderte mich aber nicht daran, mehr als geplant einzukaufen und mit einem übervollen Einkaufswagen an die Kasse zu hasten.

Heute halte ich mich strikt an meine Einkaufsliste. Wenn mir ein verführerischer Schokoriegel ins Auge sticht, dann stelle ich mir die auf Gewinnmaximierung getrimmten Gehirne der Manager vor und weiß: »Das ist der billigste Dreck, den man sich denken kann.«

Faule Ausreden

Natürlich sind wir Menschen alle unterschiedlich. So kann es beispielsweise an einer Veranlagung liegen, dass wir dick sind. Der sogenannte Grundumsatz (Basal Metabolic Rate) misst, wie

---

[21] Speedy Gonzales, »Die schnellste Maus von Mexiko«, Warner Bros®, Burbank, Kalifornien, 1953.

viele Kalorien wir in unseren Ruhephasen verbrauchen. Wenn wir zu den Menschen gehören, die in diesen Ruhephasen weniger Kalorien verbrennen, so können wir das zwar mit einem wehmütigen Seufzer bedauern und als unfair empfinden, aber es hilft nichts: Wir müssen es ausgleichen, indem wir uns mehr bewegen. Die Veranlagung kann also keine ernsthafte Ausrede sein. Ebenso wenig können wir sagen: »Bei uns liegt das halt in der Familie.«

Wir Menschen sind sehr erfinderisch, wenn wir eine gute Ausrede brauchen:

»Außer Essen ist Essen einkaufen meine Lieblingsbeschäftigung.«

»Essen tröstet mich. Wenn ich esse, kann ich mein ganzes Elend vergessen.«

»Nur Essen hält meine kleine Welt noch zusammen. Ohne Essen wäre sie schon lange auseinandergebrochen.«

»Rubens[22] hat nur Dicke gemalt. Damals war dick schön. Heute ist dünn in Mode.«

»Marilyn Monroe[23] war auch kein Docht.«

»Wenn ich auf meinen Schweinsbraten verzichte, hab ich gar keine Lebensqualität mehr.«

---

[22] Paul Peter Rubens (1577–1640) flämischer Barockmaler.
[23] Marilyn Monroe (1926–1962) US-amerikanische Filmschauspielerin, Fotomodell, Weltstar, Sexsymbol.

»Das einzig Gute, das mir im Leben noch geblieben ist, ist Essen. Essen ist das Einzige, das ich noch hab. Solange ich esse, kann ich meinem Leben entfliehen.«

Für den Bewegungsmangel gibt es eine Menge beliebter Ausreden:

»Ich gehe erst ins Fitnessstudio, wenn ich in ein XL-T-Shirt passe.«

»Ins Schwimmbad traue ich mich erst wieder, wenn ich einen Bikini tragen kann.«

»Zum Spazieren ist es zu kalt, zu heiß, zu nass, zu windig, zu rutschig, zu nebelig.«

»Mir tut alles weh.«

»Ich bekomme keine Luft. Ich schaffe doch höchstens zehn Meter.«

»Ich mache mich doch nicht lächerlich. Das hat ja alles keinen Sinn.

Die meisten Ausreden halten uns davon ab, unsere Situation zu verändern:

»Ich hab das schon so oft probiert. Ich schaffe das einfach nicht.«

»Mach dir nichts vor, das nützt eh nichts.«

»Das halte ich nie durch.«

»Für was soll ich mir das antun?«

»Ich bin so, wie ich bin.«

»Ich würde ja, wenn ich könnte, aber ich kann das einfach nicht.«

»Es ist doch eh schon alles egal.«

»Es ist so, wie es ist.«

»Mir geht es doch gut.«

»Bei einer schweren Krankheit hab ich genügend Reserven, von denen ich zehren kann.«

»Ein richtiger Mann hat einen Bauch.«

»Dicke Menschen sind gemütliche Menschen.«

»Wenn es Dünne gibt, dann muss es auch Dicke geben.«

»Ich hab eben schwere Knochen.«

Solange ich Ausreden rezitiere, bin ich ein Opfer. Solange ich ein Opfer bin, kann ich nicht selbst gestalten. Anstatt zu agieren, reagiere ich. Darum: »So schnell wie möglich raus aus der Opferrolle!«

Karl Freiherr vom Stein sagte: »Wer nicht will, findet Gründe. Wer will, findet Wege.«[24]

Warum sind wir dick?

Die Gründe für extremes Übergewicht sind uns allen wohlbekannt.

Erstens: Wir essen zu viel Nahrung mit Kohlenhydraten, Zucker und Fett.

Zweitens: Wir trinken zu viel zuckerhaltige und hochkalorische Getränke.

---

[24] Karl Freiherr vom Stein (1757–1831) deutscher Staatsmann und Reformer.

Drittens: Wir treiben keinen Sport und bewegen uns viel zu wenig.

Wir sehen nicht, wie uns die Zeit durch die Finger rinnt. Wir verharren in einer Art geistiger Winterstarre. Das, was wir »Leben« nennen, ist mehr ein Dahinvegetieren. Wir lassen uns treiben, anstatt ziel- und lösungsorientiert zu gestalten. Unsere Zeit ist kostbar, denn sie kommt nicht wieder. Deswegen raten uns auch alle großen Geister, im Hier und Jetzt zu leben.

»Jetzt ist der Augenblick der Macht«, sagen die Schamanen, für die es oftmals gar kein Wort für »morgen« oder »gestern« gibt.

»Morgen« oder »irgendwann später« kann halt, wenn es dumm läuft, zu spät sein. Je früher wir anfangen, desto besser.

Vereinfacht gesagt, geht es darum: Wir müssen das, was wir uns vornehmen, einfach tun — ohne groß darüber nachzudenken.

Enzo, der Kung-Fu-Meister meines verstorbenen Cartoonisten, erzählte mir 1996 eine, wie er sagte, uralte buddhistische Geschichte. Enzo hörte diese Geschichte von seinem Meister im Shaolin-Kloster am Fuße des Berges Shaoshi in China. Da ich diese angebliche Sutra[25] trotz Recherche nirgends finden konnte, gebe ich sie nun mit meinen eigenen Worten wieder:

---

[25] Sutra (Sanskrit) oder Sutta (Pali) bedeuten »Lehrrede«. Diese Texte enthalten die grundlegenden Lehren des Buddhismus.

86

Der Yoga-Schüler

Es war einmal ein Yoga-Schüler, der unbedingt wissen wollte, was denn das Wichtigste am Yoga sei. Das stehe doch alles in Büchern, sagten die einen. Alles zusammen sei wichtig beim Yoga, sagten die anderen. Daraufhin las der Schüler viele Bücher übers Yoga und analysierte die einzelnen Yogaübungen akribisch mit seinem Geist. Eines Tages erzählte ihm jemand vom Meister der Yoga-Meister, der auf einer einsamen Insel im Indischen Ozean lebe. Der Schüler beschloss sich auf die Suche nach diesem Meister zu machen. Er würde diesen Meister finden und befragen, schwor er sich.

Auf seiner langen Reise überwand er ein Bergmassiv und wäre dabei fast erfroren. Beim Durchqueren einer Wüste wäre er beinahe verdurstet. Endlich sah er von Weitem eine Stadt am Meer. Dort raubten ihn drei dunkle Gestalten aus. Um nicht zu verhungern, heuerte er auf dem nächstbesten Fischkutter als einfacher Matrose an. Dieser Kutter geriet in einen Sturm mit turmhohen Wellen und sank weit draußen auf hoher See. Der Schüler sprang in das tosende Wasser und klammerte sich, mit unbändigem Lebenswillen, an eine geborstene Planke. Nach zwei Stunden schloss er entkräftet die Augen, ergab sich seinem Schicksal und schlief ein.

Nach dieser langen und gefährlichen Reise spülte der Ozean den Schüler schließlich an den Sandstrand jener besagten einsamen Insel. Als er wieder zu sich kam, öffnete er die Augen, und da sah er ihn: den Meister der Yoga-Meister.

Der Meister saß im Lotos-Sitz unter einem alten Zimtbaum und meditierte. Er hatte nichts an außer seinem weißen Kaupina, dem traditionellen Lendenschurz der Yogis. Seine weißen Haare und seinen weißen Bart trug er kurz und gepflegt. Der Punkt auf seiner Stirn war rot.

Zu hören war nur das leise Säuseln der Zimtbaumblätter und das sanfte Rauschen des Meeres. Mit letzter Kraft kroch der Schüler über den Sandstrand zum Meister hin, blickte zu ihm hoch und fragte: »Meister, sage mir, was ist das Wichtigste am Yoga?«

Der Meister öffnete die Augen, lächelte und antwortete: »Dass man es macht!«

Unser Segelschiff

Wenn wir unser Leben mit einem alten Segelschiff vergleichen: Wer sind wir dann auf diesem Schiff? Sind wir Passagier — womöglich ein blinder? Oder sind wir als Sklave in Ketten aus Eisen gelegt? Wo immer wir uns auf diesem Schiff befinden mögen, egal ob wir als Schiffsjunge das Deck schrubben, seit Jahr und Tag

Kartoffeln in der Kombüse schälen oder bei beißender Kälte in der Takelage hängen — ganz offensichtlich sind wir nicht Kapitän auf unserem Schiff. Doch wer steuert unser Schiff? Und vor allem: Wohin segelt unser Schiff und wieso segelt es dorthin?

Halten wir einmal für einen kurzen Moment inne: Was sagt uns unser Gefühl? Wo wird diese Reise wohl hingehen? Wird die See dort ruhiger oder rauer sein? Und die Frage aller Fragen: Wer zum Teufel steuert dieses Schiff?

Lautlos schleichen wir uns vom Bug in Richtung des Hecks. Von Weitem erkennen wir die Umrisse einer seltsamen Gestalt. Groß und mächtig sieht sie aus. Vorsichtig ziehen wir das Fernrohr aus der Hosentasche, kneifen ein Auge zu und gucken durch das lange Teleskop. Große Schnauze, Knopfnase, Ringelschwanz. Oh Gott! Es ist der Schweinehund. Doch wieso steht der am Steuerrad meines Schiffes und wieso hat der meine Kapitänsmütze auf? Der hat sie doch nicht mehr alle! Der qualmt seine fette Zigarre, trällert fröhlich ein Liedchen und stinkt bis hierher nach Rum. Und wie sieht der überhaupt aus? Moment mal: Sind das da Schmeißfliegen, die seinen versoffenen Schädel umschwirren?

Je länger wir unseren Schweinehund betrachten, desto klarer wird es: Der muss da weg, und zwar so schnell wie möglich! Ab auf die Planke mit dem Sauköter, hinein mit ihm ins nasse Grab und auf Nimmerwiedersehen!

Wir nehmen von nun an das Steuerrad unseres Schiffes selbst in die Hand und setzen Kurs in Richtung eines neuen Lebens. Wir werden Sturm und Wetter trotzen, ein paar Mal auf Grund laufen, zwei-, dreimal eine Flaute erdulden, immer wieder hadern, Meutereien beenden und gegen den Wind kreuzen, aber unseren Kompass werden wir nie wieder aus den Augen verlieren.

KAPITEL 5
Der Kobold mit den Joysticks

Ich wurde, was ich aß

Früher gab es bei mir fast jeden Abend Spaghetti Bolognese. An einem guten, sprich kalorienarmen, Tag aß ich ungefähr 450 Gramm Hartweizen-Spaghetti mit 350 Gramm Rinderhackfleisch. Das Hackfleisch hatte ich, ebenso wie die Zwiebeln, in reichlich Pflanzenöl angebraten. Dazu kamen eine halbe Tube Tomatenmark und ein Becher Crème fraîche. Serviert wurde das Ganze in einer großen Glasschüssel, mit 80 Gramm Parmesan obendrauf.

An einem schlechten, sprich kalorienreichen, Tag aß ich ein paar Stunden vor den allabendlichen Spaghetti vier Brötchen mit Salami, Camembert, Eiern und Butter. Außerdem trank ich täglich zehn große Tassen Kaffee mit reichlich Kondensmilch und zwei gehäuften Teelöffeln Zucker. Gegen den Durst gab es literweise Leitungswasser mit Sirup. Das Sprichwort sagt nicht ohne Grund: Allzu viel ist ungesund.

Fressen ist eine Sucht

Immer wieder höre ich, dass Essen eine Ersatzbefriedigung sei. Doch diese sogenannte Befriedigung dauerte bei mir höchstens zehn Minuten. Dann, während der zweiten Hälfte des Essens, übernahmen schon Selbsthass und Selbstbeschimpfung, Resignation und Verzweiflung die Kontrolle. In Gedanken machte ich mich selbst fertig: »Ja, friss dich nur voll, du fette, grausige Sau. Bravo! Kinder verhungern in Afrika und du frisst dich voll. Weiter so! Mach nur weiter so. Friss! Friss, bis du platzt.«

Nach der allabendlichen Fressorgie lag ich im Bett und verdaute. Mein knüppelharter Bauch spannte. Kohlenhydrate, Zucker und Fett lagen wie Blei im Magen. Zuerst kam der Schluckauf. Dann folgten lange, brachiale Rülpser. So laut, dass ich dachte: »Hoffentlich hört das niemand hier im Block, so wie das durch das Zimmer schallt.« Nach 90 Minuten Dauerrülpsen, bei dem mir das Essen etliche Male die Speiseröhre hochkam, läutete die erste Flatulenz die zweite Phase des Verdauens ein. Was für eine Wohltat. Endlich. Jeder Pupser verringerte die Spannung im Bauch ein kleines bisschen. Ich dachte: »So oder so ähnlich muss sich eine Boa constrictor fühlen, die gerade einen Wasserbüffel verdaut.«

Ich lag regungslos auf der Matratze, war wie gelähmt, auch gedanklich. Ich pupste und pupste, ekelte mich vor mir selbst und dem beißenden Gestank, den ich abgaste. Wut. Hass. Verzweiflung. Selbstmitleid. Schon wieder versagt. Gedanken ans Kotzen. »Bravo! Super! Toll! Hast dich wieder komplett überfressen. Muss das wirklich sein? Bist du nicht schon fett genug? Weniger hätte auch gereicht, du dummes Arschloch! Musst du dich so vollfressen?«

Meine Gedanken reichten von »Morgen mache ich es besser« bis zu »Das schaffe ich nie«. Zehn Minuten Befriedigung beim Essen stehen stundenlangem Verdauen voller Selbsthass, Ekel und Verzweiflung gegenüber. Das ist weder Befriedigung noch Belohnung. Das ist Bestrafung.

Friedrich Schiller schrieb im Lied von der Glocke: »Der Wahn ist kurz, die Reu ist lang.«[26]

---

[26] Friedrich Schiller, »Das Lied von der Glocke«, ICHverl. Häfner und Häfner, Weimar, 1799.

Wieso ernähren wir uns eigentlich falsch?

Weil wir süchtig nach Kohlenhydraten, Fetten und Zucker sind. Wir argumentieren wie Drogensüchtige. »Ich esse eben gern« ist dasselbe wie »Ich trinke eben gern eine Flasche Schnaps« oder »Ich setze mir zum Frühstück halt gern einen Schuss Heroin.«

Wir verhalten uns wie Alkoholiker, die zwar nach einer halben Flasche Schnaps schon randvoll sind, aber trotzdem so lange weitersaufen, bis sie umkippen. Deswegen müssen wir auch wie trockene Alkoholiker denken. Die sagen sich nicht: »Ich trinke nie wieder einen Tropfen.« Sie sagen: »Heute trinke ich nichts.« Denn »Heute« ist machbar, »nie wieder« nicht.

Und das Beste daran: Wenn es einmal nicht klappt, ist rein gar nichts verloren, denn — schwupp — schon morgen ist wieder ein neues Heute. Indem wir unsere Aufmerksamkeit auf den heutigen Tag richten, kann uns die Größe des Endziels nicht erdrücken. Denn wer nur in die Ferne starrt, wird schon bald im Moor der Hoffnungslosigkeit versinken.

94

Die Geschichte vom dicken Mann
Inspiriert von »Der kleine Prinz«[27] (Kapitel 12)

Ein sehr dicker Mann saß vor einer üppig gedeckten Tafel und aß.

»Was tust du da?«, fragte ich.

Der Dicke hob den Kopf und sah mir in die Augen. »Ich esse.«

Ich schaute auf den Tisch. »Willst du das alles alleine essen?«

Der Dicke nickte.

»Warum isst du so viel?«, fragte ich.

»Um zu vergessen.« Der Dicke seufzte.

»Um was zu vergessen?«

Der Dicke senkte den Kopf und flüsterte: »Dass ich mich schäme.«

»Warum schämst du dich?«

»Ich schäme mich, weil ich so dick bin.«

Unkontrollierte Fressattacken

Im Zuge meiner Recherche zu diesem Buch lernte ich: Kummer, Stress, Frust oder Langeweile lösen Fressimpulse aus. Fressattacken hatte ich häufig. Ich wachte zum Beispiel mitten in der Nacht auf und dachte: »Hunger! Hunger!«

---

[27] Antoine de Saint-Exupéry, »Der kleine Prinz«, Arche Verlag, Zürich, 1950.

Dann tappte ich wie ferngesteuert in die Küche. So, als ob ein kleiner Kobold in meinem Gehirn saß, der mich mit zwei Joysticks lenkte.

Die Strecke vom Bett bis zum Kühlschrank ging ich, ohne zu stoppen und ohne einen einzigen Gedanken zu denken. Mein Kopf war vollkommen leer. Fast schon gespenstisch. Irgendwo von ganz tief unten flehte manchmal leise eine Stimme: »Nein. Martin. Bitte! Tu das nicht. Danach hasst du dich wieder selber.«

Viele Jahre lang unterdrückte ich diese Stimme aus meinem Unterbewusstsein. Doch dann — es war ungefähr einen Monat vor dem KLICK — als ich dieses zarte Stimmchen wieder vernahm, blieb ich auf dem Weg vom Bett zum Kühlschrank für eine Sekunde lang stehen. Ich sah sozusagen von oben auf mich herab und fragte mich: »Bist du eigentlich noch ganz dicht? Was tust du da bloß?«

Natürlich fraß ich den Kühlschrank trotzdem leer. Doch am nächsten Tag wurde mir bewusst, was da passiert war. Ich dachte: »Hey! Du warst gestern stärker als der Kobold mit den Joysticks.«

»Ja, unglaublich. Nicht wahr? Das war ein tolles Gefühl.«

»Ja, das war es ...«

Ich nahm es sportlich. »Mal sehen, ob ich das nicht auch zwei Sekunden lang schaffe.«

Auch wenn ich anfangs noch nicht fähig war, meinen Fressimpulsen zu widerstehen, so war ich doch in der Lage, diese Impulse eine Zeit lang zu kontrollieren. Ungefähr drei Wochen vor dem KLICK passierte etwas Außergewöhnliches. Gegen halb drei öffnete ich den Kühlschrank und schloss ihn wieder — ohne etwas herauszunehmen.

Ich dachte: »Unglaublich! Ich hab grad den Kühlschrank wieder zugemacht! Den Kühlschrank! Ich hab den Kühlschrank zugemacht!«

Dann legte ich mich wieder ins Bett. Natürlich stand ich kurz darauf erneut auf und fraß mich so richtig voll. Trotzdem: Von da an fühlte ich mich nicht mehr ganz so macht- und willenlos. Nun war ich bereits einen kleinen Schritt weiter, denn jetzt wusste ich: »Ich kann diesen Impuls, zumindest eine Zeit lang, beherrschen.«

So begab ich mich auf die Jagd nach neuen Rekorden. Als ich meinen Fressimpulsen fünf Minuten entgegenwirkte, bemerkte ich, wie das Verlangen, Nahrung in mich hineinzustopfen, für circa 30 Minuten verschwand. Selbstverständlich sind 30 Minuten nicht viel, doch es war ein Anfang, ein Schritt oder, besser gesagt, zwei Schritte in die richtige Richtung. Einerseits konnte ich mit der Zeit mehrmals am Tag meinen Fressimpulsen widerstehen, andererseits verlängerte sich die Zeitspanne, in der mir der Magen nicht knurrte.

Ich hatte also zweimal Zeit gewonnen und Zeit war genau das, was ich brauchte, wenn ich mir ernsthaft vornehmen wollte, nur noch einmal am Tag zu essen.

Wichtig in dieser Phase war, dass ich mich an den ganz kleinen Erfolgen erfreuen konnte. Denn meistens hatte der Kobold mit den Joysticks trotzdem die Kontrolle. Ich musste lernen, in ganz kleinen Schritten zu denken, geduldig zu sein, mir Zeit zu lassen und nicht zu viel auf einmal zu wollen.

Zwar zog es mich weiterhin, mit Haut und Haaren, in Richtung des Kühlschranks. Doch nach ungefähr einem Jahr lernte ich, zwischen Hunger und Appetit zu unterscheiden. Ich hörte in mich hinein und überlegte, ob sich das Hungergefühl im Kopf oder im Bauch verorten ließ. Das war ein weiterer wichtiger Schritt auf meinem Weg zum Wohlfühlgewicht. Ab diesem Zeitpunkt stellte ich mir immer wieder die Frage: »Ist der Hunger im Kopf oder knurrt der Magen?« Denn Hunger und Appetit sind zwei Paar Schuhe.

Am einfachsten klappte das Abnehmen, wenn ich mich strikt an den von mir selbst verordneten Essrhythmus hielt. Das hieß in meinem Fall: nur einmal am Tag essen, und zwar abends.

Nach ungefähr zehn Tagen stellte sich mein Körper auf diesen Rhythmus ein und eine Art

»Abnehm-Flow« begann. In dieser Phase versetzte ich meinen Kobold in einen tiefen Winterschlaf. Doch wenn ich meinen Rhythmus unterbrach, weckte ich ihn von Neuem. Es dauerte dann immer ein paar Tage, bis er sich beruhigte und nach einigen Tobsuchtsanfällen wieder einschlief. Das ist auch heute noch so.

Ganz langsam erlangte ich mehr und mehr die Kontrolle über meine Fressimpulse. Vollends wird mir das wahrscheinlich nie gelingen, aber das muss es auch nicht.

Wie komme ich gegen das quälende Heißhungergefühl an?

Du stellst dich deinem Kobold mit den Joysticks. Verbeiß dich wie ein Honigdachs in ihn. Knurre, murre, reiße, zerre, schüttle ihn kräftig durch. Dann halte für einen Moment inne und beobachte, wie lange du deiner Fressattacke widerstehen kannst. Auch wenn du nur fünf Sekunden durchhältst, ist das ein Erfolg. Denke wie ein Sportler: Heute hast du fünf Sekunden geschafft, morgen schaffst du zehn. Hab Geduld, es ist noch kein Meister vom Himmel gefallen.

Wie bereits erwähnt, verschwindet das quälende Hungergefühl nach ungefähr fünf Minuten. Anfangs vielleicht nur für 30 Minuten, später dann für mehrere Stunden. Diese Hürde musst du nehmen. Daran führt kein Weg vorbei. Du musst erleben, wie sich der Heißhunger — ohne etwas zu essen — in Luft auflöst, auch wenn dir dabei kurz übel wird. Es sind nur ein paar Minuten, die du überstehen musst.

Sag dir: »Komm schon. Das schaffst du. Das wäre doch gelacht.«

Mit diesem Erfolgserlebnis beginnt ein neues Kapitel für dich. Nun bist du bereits einen Sieben-Meilen-Stiefel-Schritt weiter und hast gelernt: Nach ein paar Minuten beruhigt sich der knurrende Magen wieder. Sei nicht zu hart zu dir. Du brauchst nicht jeder Fressattacke auf Teufel komm raus zu trotzen. Keine Bange. Es klappt auch so. Gerade am Anfang ist es wichtig, sich immer wieder zu sagen, dass die Heißhungeranfälle nach und nach weniger und immer kürzer werden.

Auch der Hunger selbst verliert mit der Zeit seinen Schrecken. Irgendwann sendet der Körper wieder die richtigen Signale. Hast du anfangs noch Appetit auf eine Schweinshaxe mit Ketchup, Mayo und Selchfleischknödel, wächst mit dem Abnehmen die Lust auf eine gesündere Alternative.

KAPITEL 6
Der lange Weg zum KLICK

Weißt du noch, wie es sich vor dem KLICK anfühlte?

Ja, sicher. Wie im Nachthemd vor der Eiger-Nordwand. Der eisige Jännerwind peitscht mir ins Gesicht. Ich friere, meine Zähne klappern, die Knie schlottern. Es blitzt und donnert. Ich schaue nach oben; durch den wolkenverhangenen Nachthimmel kann ich den Gipfel nicht einmal sehen. Da soll ich rauf? In Filzpantoffeln? Das ist doch vollkommen unmöglich. Das schaffe ich nie. Deswegen muss es zuerst KLICK machen.

Gute Gedanken helfen immer und überall

Hans-Peter Dürr[28] sagte: »Wir müssen wissen, dass wir selbst ständig Zeichen setzen. Jeder Gedankensplitter, jede Handlung ist bedeutsam. Wir Menschen gestalten durch unsere geballte kollektive Energie unserer Gedanken die Wirklichkeit. Doch das, was wir Wirklichkeit nennen, ist nur ein kollektives Traumfeld, eine Spiegelung unserer gemeinsamen Überzeugungen. Indem wir uns selbst heilen, heilen wir die Welt. Jede Veränderung, die uns in uns selbst gelingt, verändert die kollektive Wirklichkeit.«

Affirmation

Etwa zwei Monate vor meinem KLICK-Moment erinnerte ich mich an ein Zitat von Leo Tolstoi. »Der Gedanke ist alles. Daher das Wichtigste: Die Arbeit an den Gedanken.«[29]

Ich dachte: »Du musst wieder meditieren und deine Gedanken reinigen. Ja, und die

---

[28] Hans-Peter Dürr (1929–2014) deutscher Quantenphysiker, Autor, alternativer Nobelpreisträger.

[29] Leo Tolstoi (1828–1910) russischer Schriftsteller, Philosoph und Sozialreformer.

Affirmationen musst du auch wieder machen. Du weißt doch: ›Der Geist allein macht gesund und krank, macht froh und elend, reich und arm.‹[30]«

Eine Affirmation ist ein Gedanke, den wir in uns selbst pflanzen. Meine Affirmation lautete:

»Die Vergangenheit ist dafür verantwortlich, wo ich heute bin. Wo ich heute bin, ist gut, denn von hier aus kann ich alles nach meinem Willen verändern.

Da, wo ich jetzt gerade bin, ist es vollkommen richtig. Ich möchte jetzt nirgendwo anders lieber sein.

Ich bin dankbar für mein Leben.

Ich segne die Gegenwart, vertraue auf mich selbst und erwarte das Beste.

Ich bin willens, mich zu wandeln. Ich baue mir jetzt eine sichere, neue Zukunft auf.

Durch die innere Wandlung wandelt sich das Außen, auch wenn es noch so langsam nachfolgt.

Ich bin in Sicherheit. Es geht mir gut.

Ich liebe und akzeptiere mich.

Ich vertraue meinem Leben. Alles ist gut angelegt in meiner Welt.«[31]

---

[30] Anonym. Das Zitat stammt aus der griechischen Antike.

[31] Eigene Zusammenstellung. Details siehe Literatur- und Quellenverzeichnis.

Wer nicht so recht an die Macht der Gedankenpflanzung glauben mag, könnte über die Natur von Werbebotschaften nachdenken, die ja nach demselben Prinzip funktionieren. Die ständige Wiederholung eines Slogans bewirkt in uns — ob wir es nun wollen oder nicht — die Verinnerlichung dieser Botschaft. Und genau um diese Verinnerlichung geht es.

Am Anfang bereitete mir die Affirmation oft richtig fieses Kopfweh. Fuchsteufelswild spottete ich: »Glaubst du wirklich, du kannst mit ein paar blöden Sprüchen abnehmen? Bist du jetzt vollkommen meschugge?«

Mein Tipp wäre: Streiche aus der Affirmation, was dich nicht berührt, füge hinzu, was dir gut tut, wie beispielsweise »Ich trinke heute keine Kalorien« oder »Ich esse heute keine Snacks«.

Je öfter du deine Affirmation anhörst, desto schneller gelangst du zum KLICK. Bei mir dauerte es ungefähr zwei Monate, bei ein bis zwei Affirmationen am Tag. Es war ein kaum wahrnehmbarer, allmählicher Prozess, der mir erst im Nachhinein bewusst wurde.

Der Feind in mir

Benjamin Hoff: »In jedem von uns steckt etwas, das will, dass wir unglücklich sind. Dieses Etwas erzeugt in unserer Phantasie Probleme, die es gar nicht gibt — und das führt häufig dazu, dass sie Wirklichkeit werden. Es übertreibt Probleme, die wir schon haben. Es senkt unsere Selbstachtung und steigert die Missachtung anderer. Es zerstört den Stolz auf unsere Arbeit, Ordnung und Sauberkeit. Es macht aus Begegnungen Konfrontationen, aus Erwartungen Angst, aus vielversprechenden Gelegenheiten drohende Gefahren, und aus Sprungbrettern Stolpersteine.«[32]

Visualisierungen

Alles, was wir uns vorstellen können, können wir auch erreichen. Deshalb ist es wichtig, Visionen zu erschaffen und diese in Gedanken zu erleben, noch bevor sie Realität werden. Ich stellte mir beispielsweise vor, wie ich als schlanker Mensch aussähe, welche Klamotten ich trüge, wie ich auf Frauen wirkte, auf welche

---

[32] Benjamin Hoff, »Pu der Bär, Ferkel und die Tugend des Nichtstuns: Der weise Bär auf den Spuren des Lao-tse«, O.W. Barth Verlag, München, 1992.

Reise ich ginge und wen ich treffen würde. Visualisierungen spielten eine besonders wichtige Rolle bei den kurzfristigen Erfolgen. Ich musste mich jeden Tag bis zu meiner abendlichen Fressorgie durchkämpfen. Dabei malte ich mir aus, wie gut es mir am nächsten Morgen ginge, wie stolz ich auf mich wäre und dass ich mich auch körperlich viel besser fühlen würde. Ich stellte mir vor, den neuen Tiefststand auf der Waage zu betrachten und laut zu rufen: »Juchhu!«

Die Macht der Gedanken

Um negative Gedanken in positive zu verwandeln, unterstützen uns nicht nur Affirmationen, Visualisierungen und Meditationen. Auch Techniken wie die kognitive Umstrukturierung, das Aufzeichnen von Gedanken und das lösungsorientierte Denken fördern diese Transformation. Eine gehörige Portion Sturheit hilft dabei ebenso wie ein achtsames Leben. Am besten gelingt uns das mit einem kräftigen Schuss Humor und einem entspannten Lächeln auf den Lippen.

Zwei Alltagsbeispiele: Die negativen Gedanken strich ich mit dem Zeigefinger in der Luft durch und schmetterte das imaginäre X dann wie einen Tischtennisball aus dem Fenster. »Hau ab!«, dachte ich. »Verschwinde! Und komm nie wieder!«

Unglaublich, wie viele toxische Gedanken ich so loswurde. Mir tat schon die Hand weh, vor lauter Rückhandschlägen.

Wie du das machst, bleibt dir überlassen. Sei kreativ. Finde deine eigene Lösung — etwas, das deinem Wesen entspricht. Je dramatischer, desto besser. Tu es mit ganzer Überzeugung und aller Willenskraft. Die Szene soll schließlich Eindruck auf deinen Schweinehund machen.

Bei der täglichen Hausarbeit frage ich mich nach jeder Aufgabe: »Ist das gut?«, und antworte: »Ja, das ist gut!« Das Wort »gut« wird so ganz automatisch viele Male über den Tag wiederholt und brennt sich in mein Gehirn ein.

Selbstverständlich kann das Wort »gut« auch durch ein anderes Wort ersetzt werden. Ein Wort, das uns mehr entspricht.

Meine Wohnung

Als äußeres Zeichen für meinen Wandel hängte ich das »WAR IS OVER (IF YOU WANT IT)«-Plakat an die Wand, mit dem John Lennon[33] und Yoko Ono[34] im Dezember 1969 halb New York zuplakatierten.

---

[33] John Lennon (1940–1980) britischer Musiker, Komponist und Friedensaktivist.

[34] Yoko Ono (* 1933) japanische Künstlerin, Autorin, Sängerin und Friedensaktivistin.

Kurz darauf begann ich, die Wohnung zu verschönern und zu begrünen. Ich fragte mich: »Wieso hängst du nicht ein paar Bilder von lächelnden Menschen auf? Unsere Spiegelneuronen lieben doch lächelnde Gesichter.«

Später schrieb ich auf den großen Garderobenspiegel Sätze wie: »Everything changes. Nothing remains without change.«[35] Oder: »Die Welt ist, wofür du sie hältst.«[36] Oder: »Wir sehen die Dinge nicht, wie sie sind, sondern wie wir sind.«[37] Finde deine eigenen Botschaften, die dich stark machen, dich berühren, dein Herz wärmen.

Ich hängte eine Collage meiner spirituellen Helden an die Wand. Menschen wie Mahatma Gandhi[38] oder Nelson Mandela[39] inspirieren mich. Sie erinnern mich daran, dass nichts, was unmöglich scheint, unmöglich ist.

---

[35] Buddha, Siddharta Gautama (circa 500 v. Chr.) indischer Begründer des Buddhismus.

[36] Eva Ulmer-Janes, »Magie im Management«, Iberia Verlag, Wien, 2000.

[37] Talmud, »Pirkei Avot« (200–600 n. Chr.) religiösrechtliches Literaturwerk des Judentums, ohne Quellenangabe.

[38] Vgl. Mahatma Gandhi (1869–1948) politisches und religiöses Oberhaupt sowie Führer der pazifistischen indischen Unabhängigkeitsbewegung.

[39] Nelson Mandela (1918–2013) südafrikanischer Freiheitskämpfer und erster schwarzer Präsident Südafrikas. Friedensnobelpreisträger.

Die Kraft der Musik

Etwa zwei Wochen vor dem KLICK erinnerte ich mich an meinen ersten Liebeskummer. Damals hatte ich »Ob-La-Di, Ob-La-Da (Life goes on)«[40] von den Beatles gehört und bemerkt, dass der Herzschmerz abnahm und der Blick in die Zukunft rosiger wurde. Ich dachte: »Wenn es damals gewirkt hat, wirkt es vielleicht heute auch noch.«

Gesagt. Getan. Allerdings hatte der Song über die Jahre an Wirkung eingebüßt. »Aber«, dachte ich, »vielleicht wirken heute andere Lieder? Ich suche mir einfach die Songs raus, die mir guttun. Songs, deren positive Energie mich durchfließt. Songs mit Gänsehautfeeling. Songs, bei denen ich tanzen oder singen kann.«

Kurz darauf tauchte ich in die Welt meiner Lieblingslieder ein. Schon nach zehn Minuten ging es mir merklich besser. Was für eine Wohltat! Keine nervtötende Werbung. Keine Katastrophen-Nachrichten. Kein Gequatsche. Ich testete alle Songs, die mir einfielen. »Probieren geht bekanntlich über Studieren.«

Dabei staunte ich nicht schlecht, auf welche Lieder ich am positivsten reagierte. Es waren

---

[40] »Ob-La-Di, Ob-La-Da«, The Beatles, Abbey Road Studios, London, 1968.

auch Kinderlieder wie »Biene Maja«[41], »Pippi Langstrumpf«[42] oder »Hey, hey, Wickie«[43] dabei.

Eines Tages brachte mir meine Mama ihre berühmte Kartoffelsuppe vorbei. Als sie durch das Wohnzimmer in die Küche ging, ertönte die Melodie von »Nils Holgersson«[44]. Meine Mama schaute mich verdutzt an und fragte mit einem verschmitzten Lächeln: »Ja, was hörst du denn da für eine Musik?«

Ganz ehrlich: Ein bisschen peinlich war es mir schon. Ich antwortete: »Weißt du, ich tu einfach, was wirkt. Und dieses Lied tut mir gut. Es erinnert mich an früher. Weißt du noch, wie du mir die Geschichte als kleines Kind vorgelesen hast?«

Meine Mama blickte ins Leere und nickte gedankenverloren. »Ja. Und wie ihr dann später die Serie im Fernsehen geschaut habt.«

Seitdem nutze ich Musik als natürliches Antidepressivum. Solange mir die Songs guttun, bleiben sie auf der Playlist. Wirken sie nicht mehr, fliegen sie raus.

---

[41] »Biene Maja«, Karel Gott, Studio Svoboda, Polydor, Hamburg, 1976.

[42] »Pippi Langstrumpf«, Rosy Teen/Eva Mattes, Filmkunst Musikverlag, CBS, Ort unbekannt, 1969 bzw. 1971.

[43] »Hey, hey, Wickie«, The Stowaways (Bläck Fööss), Studio unbekannt, Ort unbekannt, 1973.

[44] »Nils Holgersson«, Svoboda, Celine Records, Sitterswald, 1983.

Schlechte Gedanken und Gefühle verstärken sich gegenseitig — genauso wie die guten

Diese uralte nordamerikanische Parabel verdeutlicht das auf wunderbare Weise:

Ein Vater sagte zu seinem Sohn: »Es gibt zwei Wölfe in dir. Einer ist böse, voller Ärger, Neid, Groll, Hass und Eifersucht. Der andere ist gut, voller Freude, Liebe, Frieden und Mitgefühl.«
»Welcher Wolf gewinnt?«, fragte der Junge.
»Der, den du fütterst«, antwortete der Vater.

Ich liebe mich

Ungefähr eine Woche vor dem KLICK sah ich in den Spiegel und wollte »Ich liebe mich« sagen. Unglaublich, welche Widerstände sich da auftaten, wie sich alles in mir sträubte, wie es richtig weh im Kopf tat, ehe diese drei Worte über meine Lippen zischten. Noch schwieriger war es, die drei Worte behutsam und mit Überzeugung zu sagen. Denn mein »Ich liebe mich« war nicht ehrlich, war nicht das, was ich fühlte.
Liebe in mein Herz zu lassen, war so wichtig für mich. Eine liebevollere Beziehung zu mir selbst aufzubauen erforderte zwar viel Geduld,

half mir jedoch, mir selbst mit Mitgefühl zu begegnen, anstatt mich zu verurteilen.

Dabei unterstützte mich eine Katze, die mir zulief und ohne deren Hilfe ich es vermutlich nicht geschafft hätte. Wegen ihres dichten, langen Fells nannte ich sie Schäfchen. Sie beendete meine Einsamkeit und füllte mein Leben mit Liebe, Wärme und Geborgenheit.

Bei körperlicher Nähe von Menschen bekomme ich oft Hitzewallungen und Panikattacken. Deswegen mag ich es nicht, wenn mich Menschen anfassen. Bei Schäfchen war das anders. Sie schmiegte sich an mich und kuschelte mit mir, ohne dass mir heiß oder unwohl wurde. Ihr Dasein und ihr Schnurren heilten meine gemarterte Seele. Ihren wohligen Körper zu streicheln tat uns beiden unsagbar gut. Nun ist sie über die Regenbogenbrücke gegangen. Und ja — es ist schwer. Ich vermisse sie.

Vier Wochen im Zeitraffer

Sechs Wochen vor dem KLICK begannen mich plötzlich Dinge zu stören, die mir zuvor zehn Jahre lang egal gewesen waren.

Es störte mich zum Beispiel, dass mich Frauen nicht mehr beachteten. Es störte mich, dass ich immer in Jogginghosen herumlief und keine normale Hose passte. Es störte mich, dass ich alte Bekannte nicht besuchen konnte, da ich mich nicht im 6XL-T-Shirt präsentieren wollte.

Fünf Wochen vor dem KLICK drangen immer mehr positive Gedanken in mein Bewusstsein, die mich anspornten. Diese Gedanken zur Veränderung waren zwar immer da, hatten auch immer wieder an meine Tür geklopft, doch nun, so schien es, stand die Tür einen Spaltbreit offen. Vier Wochen vor dem KLICK blieb ich während eines nächtlichen Heißhungeranfalls für einen Moment lang auf dem Weg zum Kühlschrank stehen. Wie bereits erwähnt, erkannte ich in dieser Situation, dass ich nicht vollkommen machtlos war, und eine Woche später den Kühlschrank während einer Fressattacke wieder schloss.

Zehn Minuten vor dem KLICK

An den Tag, als es bei mir KLICK machte, erinnere ich mich gut. Ich war auf dem Rückweg vom Tabakladen zu meiner Wohnung. Mein Ischias schmerzte bis in den Knöchel. Ich musste mitten auf dem Zebrastreifen stehen bleiben. Als ich mit gekrümmtem Rücken dastand und mich keinen Millimeter mehr bewegen konnte, dachte ich: »Martin. Bitte! So kann das unmöglich weitergehen. Du schaffst ja nicht mal mehr 300 Meter!«

Dann zuckte ich zusammen. »Oh Gott! Da kommt der Bus. Muss das jetzt wirklich sein?« Der Bus näherte sich. Ich dachte: »Scheiße! Tut das weh! Hätte ich bloß das Fahrrad genommen.« Das metallische Quietschen der Bremsen fuhr mir durch Mark und Bein. Der Bus musste anhalten und warten. Vor Scham hätte ich mich am liebsten weggebeamt. Ich spürte die Blicke des Busfahrers und der Passagiere, wie tausend Nadelstiche. Ich sah auf den Boden und wagte es nicht, ihnen in die Augen zu blicken. »Nutzt nichts!« Ich trieb mich an. »Da musst du jetzt durch!« Ich biss die Zähne zusammen und quälte mich irgendwie über den Zebrastreifen. Mir tat alles weh, und ich konnte kaum gehen. »Ich hab mir garantiert eine Bandscheibe eingeklemmt!«, dachte ich.

»Ja, und du hast garantiert wieder zugenommen, du dumme fette Sau! Ich hab dir gesagt: Du frisst zu viel!«

Zehn Minuten später stand ich auf der Waage und dachte: »150,6 Kilo! Mein Gott! So fett war ich noch nie!« Ein paar Augenblicke später wurde in meinem Kopf ein Hebel umgelegt. Ich sagte mir: »So! Ich ziehe das jetzt durch! Und zwar auf meine Art!«

Einmal am Tag essen

Ein paar Minuten nach dem KLICK-Moment nahm ich mir vor, nur noch abends zu essen. »Dann spare ich mir die vier Brötchen, die ich tagsüber esse«, dachte ich. »Zusammengerechnet wären das immerhin — warte mal ... ja, genau: 16 Brötchen pro Woche.«

»Brötchen? Brötchen ist ein Diminutiv und in hohem Maße euphemistisch.«

»Das ist doch jetzt egal. Jedenfalls kommt da einiges zusammen.«

»Und als Ausgleich dafür frisst du dich dann jeden Abend mit Spaghetti voll?«

»Ja, genau. Dann kann ich auch einschlafen. Überleg doch mal! Wenn ich abends meinen Spaghetti-Berg esse, bin ich am nächsten Tag noch so vollgefressen, dass ich mit einmal Essen durchkomme.«

Ich kratzte mich an der Schläfe. »Stimmt. In Ordnung. Komm, wir probieren es.«

Ich war guten Mutes und hielt zwei Tage durch. Am dritten ging ich einkaufen und brachte 200 Gramm Haussalami, vier hartgekochte Eier, eine große Butter, vier Laugenbrötchen und einen großen Camembert mit. Ich dachte: »Zwei ganze Tage ohne Brötchen. Die hab ich mir jetzt verdient.«

»Verdient? Sag mal, hast du sie noch alle?«

»Wieso? Zwei ganze Tage ohne Brötchen. Das ist Rekord!«

»Ja, rede es dir nur schön! Es ist eh jede Diskussion mit dir für die Katz. Genauso gut könnte ich mit der Wand reden.«

»Du kannst mich mal! Ich lass mir von dir doch meine Brötchen nicht vermiesen ...«

Ich schnitt das erste Laugenbrötchen auf und strich zwei dicke Scheiben Butter auf die untere Hälfte. Dann packte ich 50 Gramm Salami darauf. Auf die Wurst kam ein Viertel des Camemberts, den ich in Streifen schnitt. Den Käse belegte ich mit zwei halben Eiern, die ich mit Salz und Pfeffer würzte. Zum Abschluss schmierte ich zwei dicke Scheiben Butter auf die obere Hälfte des Brötchens und klappte es zu.

Dabei dachte ich: »Den Doppeldecker kannst du dir in Zukunft sparen.«

Eine Woche später maulte ich: »Das hat doch alles keinen Sinn. Du hast dich jetzt jeden Abend überfressen. Komplett überfressen. Und auf die Brötchen hast du auch nicht verzichtet.«

»Ja, aber nur an zwei Tagen. Und wenn du alles zusammenrechnest, war es weniger.«

Ich zürnte. »Weniger?«

»Ja, weniger. Weniger Brötchen, weniger Camembert, weniger Salami, weniger Eier, und die halbe Butter ist auch noch da.«

»Stimmt«, sagte ich. »Die Butter! Genau. Den Doppeldecker, den hab ich mir ja gespart. Gut, mal nachdenken, das waren dann — grübel, grübel — ja, gut, das Weniger an Brötchen mit dem Mehr an Spaghetti gegenzurechnen ist schwer, aber stimmt, du hast wahrscheinlich recht, es war wirklich weniger.«

»Siehst du? Das ist ein Anfang. Du musst geduldig sein. Am Monatsende sehen wir, was dabei rauskommt ...«

In der zweiten Woche aß ich neben den allabendlichen Spaghetti nur noch vier Brötchen. Ich fühlte mich wie Superman. »Wow! Nur ein einziger Ausreißer. Nächste Woche schaffe ich es vielleicht ganz ohne Brötchen.«

In der dritten Woche landete ich auf dem Boden der Tatsachen: Rückfall auf zwölf Brötchen. Der Durchschnitt lag bei zweimal vier Brötchen die Woche. Nach einem Monat stellte ich mich auf die Waage und dachte: »Ich glaub's nicht. Zwei Kilo runter! Gott! Das ist ja fantastisch! Dabei hab ich mich jeden Abend überfressen.« Hoffnung. Eine neue Hoffnung keimte. Ganz zart und doch so mächtig, wie ein Grashalm, der in die Sonne drängt. Ich dachte: »Runter! Runter! Runter statt rauf. Oh Gott! Tut das gut.«

»Weiter so! Mach einfach weiter so. Aber nicht übertreiben. Nicht zu viel auf einmal, sonst fällst du wieder auf die Nase.«

Die nächsten Monate gingen mal besser, mal schlechter. Einmal aß ich 14 Tage lang kein einziges Brötchen. Ein anderes Mal vertilgte ich viermal vier Brötchen die Woche. Neben dem allabendlichen Berg an Spaghetti Bolognese aß ich im Schnitt zweimal vier Brötchen pro Woche. Da ich im ersten Jahr noch keine Waage besaß, wog ich die Spaghetti von Hand ab. Manchmal leerte ich die ganze 500-Gramm-Packung in den Kochtopf und dachte: »Notfalls kannst du ja was übrig lassen.«

Übrig ließ ich natürlich nichts.

Obwohl ich ohne Küchenwaage keine wirkliche Kontrolle über die Kohlenhydrate hatte, nahm ich innerhalb eines Jahres 20 Kilogramm ab. Dabei fraß ich mich jeden Abend voll. Ich konnte es damals selbst kaum glauben, wie einfach das funktionierte — ohne Spaziergänge und mit 20 gehäuften Teelöffeln Zucker am Tag.

Erst im zweiten Jahr, mit 130 Kilogramm, begann mit der Küchenwaage die Kontrolle. Ich startete mit 420 Gramm Nudeln. Beim Verdauen im Bett fragte ich mich: »Was meinst du? Reichen morgen auch 400 Gramm Spaghetti?«

»Ganz locker. Weißt du was? Da reichen auch 350 Gramm.«

»Bist du sicher? Nicht, dass du dann nicht einschlafen kannst.«

Am nächsten Tag legte ich 350 Gramm Nudeln auf die Küchenwaage, zögerte kurz und gab nochmals zehn Gramm dazu. Ich legte immer ein paar Gramm Spaghetti mehr auf die Waage, um das Ganze etwas großzügiger zu bemessen und sozusagen ein bisschen über die Stränge zu schlagen. Natürlich konnte ich mit 360 Gramm Nudeln nicht einschlafen. Ich lag im Bett und dachte: »Mist! Ich bin hellwach. War wohl doch zu wenig.«

»Jetzt warte noch! Gib nicht gleich auf.«

Irgendwann übernahm der Kobold mit den Joysticks wieder das Kommando und dirigierte mich wie auf Schienen und ohne irgendwo anzustoßen durch die stockdunkle Wohnung in die Küche. Aus Schaden wird man klug. Am nächsten Tag war ich schon schlauer. Ich reduzierte die Menge an Spaghetti von 420 auf 410 Gramm. Das funktionierte wunderbar. Beim Verdauen im Bett fragte ich mich wieder: »Was meinst du? Reichen morgen auch 400 Gramm?«

»Immer mit der Ruhe. Jetzt gewöhnen wir uns erst mal an die 410 Gramm, und nächste Woche schauen wir weiter. Nicht übertreiben. Geh es ganz langsam an. Du weißt ja, was gestern passiert ist. Das Wichtigste ist und bleibt, nur einmal am Tag zu essen. Und zwar so viel, dass du a) auch einschlafen kannst und b) am nächsten Tag ohne Brötchen auskommst.«

Ich sagte mir: »Jetzt geht es hauptsächlich darum, den Punkt zu treffen, an dem mir der Bauch nach der allabendlichen Spaghetti-Orgie zwar spannt, ich ziemlich — aber nicht komplett — überfressen im Bett liege und ein gutes Gefühl fürs Einschlafen hab.«

Um dieses kleine bisschen weniger Nahrung, das zwischen »komplett überfressen« und »normal überfressen« liegt, ging es. Das war mein Einsatz, das, was ich mir sparen konnte. Mit der Zeit gewöhnte ich mich an diesen Essrhythmus. Ich begann Vertrauen in mein System zu entwickeln. Es fiel mir von Woche zu Woche leichter, da ich ja ohnedies noch vom Vortag überfressen war und mich der Hunger in der Regel erst am späten Nachmittag quälte. War ich gut drauf, nutzte ich diese Phase und sagte mir: »Okay, heute beiße ich mal durch und sehe mir an, ob das klappt.«

Ich fokussierte mich auf sechs Uhr abends. Ich sagte mir zum Beispiel: »Es ist eh schon bald sechse. Dann fange ich mit dem Kochen an. Essen tu ich um halb acht.«

Oft war der Hunger so groß, dass mir übel wurde. Ich hielt mir die Hand vor den Mund und würgte. »Mir ist schlecht!«

»Komm schon! Die zwei Stunden schaffst du. Das wäre doch gelacht. Am Abend kannst du dich dafür so richtig vollfressen.«

»Nein!« Ich stampfte auf den Boden. »Mir ist kotzspeiübel! Ich muss jetzt was essen!«

Passierte es, wenn ich irgendwo zu Besuch war, bat ich um ein kleines Stückchen Brot oder um einen Keks. War ich allein, sagte ich mir: »Du musst rülpsen, fest rülpsen. Dann geht der Brechreiz gleich vorbei.«

Wenn mir schon am frühen Nachmittag der Magen knurrte und mich der Kobold mit den Joysticks wie eine Marionette in den Supermarkt manövrierte, kaufte ich eben meine vier Salami-Käse-Eier-Butter-Brötchen. Ich dachte: »Das heißt ja nicht, dass es die ganze Woche so sein muss.« Ich stemmte mich nicht dagegen, sondern sagte mir: »Sei nicht zu hart mit dir. Geduld. Es klappt auch so. Es geht nicht darum, etwas durchzuziehen, sondern darum, ins Gleichgewicht zu kommen.«

Genauso wie im Leben gibt es beim Abnehmen gute und schlechte Phasen: mal zu Tode betrübt, mal himmelhoch jauchzend. Es geht darum, in den guten Phasen möglichst viel abzunehmen und in den schlechten Phasen so wenig wie möglich zuzunehmen.

Meinst du, dicke Menschen sollten nur noch einmal am Tag essen?

Ja und nein. Es geht vor allem darum, die Kontrolle zu behalten. Wer mehrmals am Tag isst, muss auch mehrere Mahlzeiten kontrollieren, was komplizierter sein kann. Da ich abends genau gleich hungrig war, egal ob ich tagsüber etwas gegessen hatte oder nicht, fiel es mir wesentlich leichter, mich aufs abendliche Essen zu fokussieren.

Dabei half mir Schwarztee. Eine große, gertenschlanke Frau namens Lisbeth sagte mir einmal: »Schwarzer Tee vertreibt den Hunger für eine Zeit.«

»Gut!«, dachte ich. »Wenn es die nicht weiß, wer dann? Schwarzen Tee mag ich zwar nicht, aber vielleicht geht es, wenn ich ihn mit Kräutertee und frischem Ingwer mische?«

Eine Methode, die ich heute anwende, ist das 16:8-Ernährungsmodell. Dabei beschränke ich meine Mahlzeiten auf ein achtstündiges Zeitfenster und nehme in den verbleibenden 16 Stunden keine Nahrung zu mir, auch keine kalorienhaltigen Getränke. Diese Methode ist relativ einfach durchzuhalten. Sie fördert den Fettabbau, die Zellregeneration und senkt die Blutzuckerwerte.

Vertraue deiner inneren Stimme und geh deinen eigenen Weg. Beobachte dich. Höre in dich hinein. Was sagt dein Bauchgefühl? Es ist ein Gefühl. Ein gutes Gefühl, das dir sagt: Morgen klappt es auch mit ein paar Gramm weniger.

Egal, wie du es machst: Hauptsache, es passt zu dir. Von einem Bekannten hörte ich zum Beispiel: »Das mit dem einmal am Tag essen kannst du vergessen. Das packe ich nicht. Ich esse jetzt bloß noch zweimal am Tag, am Morgen und am Abend. So hab ich schon 20 Kilo abgenommen.«

Von einer anderen hörte ich: »Ich esse jetzt auch nur noch einmal am Tag, und zwar auch am Abend. Aber bevor ich was esse, trinke ich einen halben Liter Wasser. Das kann ich jedem nur empfehlen.« Sie strahlte. »Bis jetzt hab ich schon 28 Kilo abgenommen ...«

Zwei Mäuse

»Zwei kleine Mäuse fielen in einen Eimer voll Sahne. Die erste Maus gab schnell auf und ertrank, aber die zweite Maus strampelte so lange, bis sie die Sahne schließlich in Butter verwandelte und herauskroch. [...]«[45]

---

[45] Steven Spielberg et al. »Catch Me If You Can«, Dreamworks Pictures, USA/Kanada, 2002.

Tun und Wollen

Es ist nicht optimal, wenn wir denken: »Ich schaffe das.« Besser ist es, sich zu sagen: »Ich tu das jetzt einfach.« So nehmen wir dem, was vor uns liegt, die Größe. Erinnern wir uns an das kleine Kind, das wir einmal waren.

Wir sind ganz locker tausendmal auf den Hintern gefallen und gaben trotzdem nicht auf. Was sagt uns das? Ganz genau, es lag am Wollen. Wir wollten unbedingt aufstehen und wie die Großen gehen. Wir hatten einen unbändigen Willen. Andererseits lag es natürlich auch am Tun, das unsere Muskeln stärkte.

Selbstüberlistung

Mein Hausarzt sagte: »Wenn Sie Heißhungerattacken haben, dann schauen Sie, dass Sie am Abend keine Kalorienbomben zu Hause haben.«

Und ja, es ist wahr: Wenn mich der fettgeile Kobold aus dem Schlaf riss und zu seinem Entsetzen nur vier Bananen fand, war er zwar erst einmal mordsmäßig gefrustet, doch der kleine Happen besänftigte ihn schnell, und ich konnte gut weiterschlafen.

Der Mensch ist ein Gewohnheitstier

Auf dem Weg zu einer überwiegend pflanzlichen Ernährung sagte ich mir: »Du musst einen Ersatz für die Kondensmilch finden. Notfalls musst du den Kaffee eben schwarz trinken.«

»Was? Du weißt doch, dass mir schwarzer Kaffee nicht schmeckt!«

Am nächsten Tag fand ich einen veganen Sahneersatz im Supermarkt mit 39 % Zucker, 30 % Kohlenhydraten und 22 % gesättigten Fetten. Ich stellte die Packung zurück ins Regal und dachte: »Pflanzlich? Ja. Gesund? Nein.«

Daraufhin probierte ich Mandel-, Hafer-, Dinkel-, Kokos-, Erbsen- und Sojagetränke. Der Haferdrink schmeckte mir von allen am besten. Ich sagte mir: »Daran gewöhnst du dich jetzt einfach!«

Ein paar Wochen später trank ich einen Schluck Kaffee mit Kondensmilch und dachte: »Ekelhaft! So süß und so fett.«

Dankbarkeit

Dankbar zu sein ist nicht schwer, wenn wir das Wertvolle in unserem Leben betrachten. Ich bedanke mich beispielsweise bei einer Tomate, die ich in kleine Stücke schneide, und sage: »Danke, dass du so schön gewachsen bist. Ich verspreche dir, deine Energie für etwas Gutes zu nutzen.«

»Danke« ist vielleicht das wichtigste Wort, das es gibt. »Danke für Speis und Trank. Danke, dass ich noch gehen kann. Danke, dass ich beide Arme und alle Finger habe. Danke, dass ich hören, sehen, riechen, schmecken und fühlen kann. Danke, dass ich diesen Moment erleben darf. Danke für die warme Wohnung im Winter. Danke, dass ich hier am Bodensee leben darf. Danke, dass ich in einer Demokratie leben darf. Danke, dass ich in keinen Krieg ziehen musste. Danke für meine Freunde und meine Familie. Danke für mein Leben ...«

Je länger man darüber nachdenkt, desto klarer wird es: Die Dankesliste ist endlos.

»Nie glücklich ist, wer ewig dem nachjagt, was er nicht hat, und was er hat, vergisst.«

KAPITEL 7
Abnehmen ist keine Einbahnstraße

Eine Weihnachtsgeschichte

Rückfälle gehören zum Entzug dazu. Besonders die Weihnachtszeit warf mich mehrmals auf meinem Weg zurück. Im ersten Jahr besorgte ich wenige Tage vor Heiligabend die Geschenke. Da mir nichts Besseres einfiel, kaufte ich für alle Schokolade. Ich verpackte die Süßigkeiten liebevoll mit rotem Geschenkpapier, goldigem Schleifenband und weißen Namensschildchen. Als ich damit fertig war, dachte ich: »So! Jetzt hab ich alles erledigt. Fein, dann kann Weihnachten ja kommen.«

Doch ich hatte die Rechnung ohne meine Gier gemacht. Ich wachte noch in derselben Nacht auf und riss, wie in Trance, ein Weihnachtsgeschenk nach dem anderen auf. Es war eine richtige Fressorgie. Ich stopfte zweieinhalb Kilogramm Schokolade und 500 Gramm Pralinen in mich hinein. Am nächsten Tag musste ich dann alles nochmals kaufen. Ich verpackte die Geschenke und brachte sie zu Marlene. »Ich muss das bei dir lagern, sonst esse ich alles auf. Kannst du das an Weihnachten mit zu Mama bringen?«

»Ja, klar. Mache ich«, sagte Marlene und fragte: »Magst du einen Kaffee mit frischen Keksen? Die sind noch ganz warm.«

Von Mitte Dezember bis zum Dreikönigstag werden einem hier bei jedem Besuch Kekse angeboten. Es gibt sogar nach dem sechsten Jänner noch welche. Die Auswahl ist dann zwar nicht mehr so groß und die guten Kekse sind alle schon weg, aber es gibt noch welche. Notfalls kann man die Kekse ja in Kaffee tunken.

Ende Januar stand ich wieder auf der Waage. »Scheiße! Ich hab sechs Kilo zugenommen. Das kostet mich jetzt ganze drei Monate, bis ich das wieder runter hab. Auf die Weihnachtskekse ganz zu verzichten, fällt mir im Traum nicht ein, aber halb so viele Kekse werden es nächstes Jahr auch tun. Ach ja, und nie wieder Schokolade als Geschenk einkaufen! Versprochen?«

»Ja«, sagte ich kleinlaut. »Versprochen.«

Im Jahr darauf aß ich zwar weniger Kekse, doch dafür gab es Speck, Käse, Brot, Butter, Torte und Schokolade. Ich nahm fünf Kilogramm zu. Ich sagte mir: »Ab jetzt gibt es keine Ausreden mehr. Ich gehe jetzt jeden Tag spazieren, außer wenn es in Strömen regnet.«

Trotzdem ging ich nicht zu hart mit mir ins Gericht. Frei nach Édith Piaf: »Nein, ich bereue nichts«[46]. Keine Schokolade, keine Kekse, keinen Speck, kein Brot, keinen Käse, keine Butter. Ich bereue rein gar nichts von dem süßen und fetten Zeug, das ich in mich hineinstopfte.

Im Gegenteil. Ich lerne daraus und ziehe den Schluss, dass es a) okay war und b) dass es nächstes Jahr auch mit weniger geht.

Ein Jahr später zeigte die Waage am Weihnachtsmorgen 94 Kilogramm an. Ende Januar wog ich 102 Kilogramm. Es dauerte bis Mitte Mai, ehe ich wieder das Gewicht vom Weihnachtsmorgen hatte.

Mein Gott, wie ich damals haderte. Innerlich jammerte ich bitterlich. Ich wollte mir einfach nicht verzeihen, was da passiert war.

Wehleidig erzählte ich die Geschichte einer Bekannten. »Verstehst du? In fünf Monaten hab ich nur 200 Gramm abgenommen.«

---

[46] »Non, je ne regrette rien«, Édith Piaf, Pathé-Marconi-Tonstudios (EMI), Paris, 1960.

»Aber du hast abgenommen«, sagte Sonja.

Ich nickte widerstrebend.

»Siehst du?« Sonja lächelte. »Du darfst nicht zu hart zu dir selber sein. Du hast nicht aufgegeben, bist aufgestanden und hast weitergemacht. Das ist doch auch ein Erfolg.«

»Erfolg? In fünf Monaten 200 Gramm?«

»Aber du hast abgenommen. Überleg doch mal. In Summe hast du 56 Kilo abgenommen. 56 Kilo! Das ist doch gewaltig. Also ich kenne niemand, der so viel abgenommen hat.«

Ich zuckte mit den Schultern. »Ja, gut, wenn man es so sieht.«

»Ich sehe es so«, sagte Sonja. »Und alle andern auch.«

Ein wenig zu hadern war schon in Ordnung. Ich hatte schließlich auch allen Grund dazu. Es war sogar gut, eine Zeit lang zu hadern. So durchlebte ich das Getane wieder und wieder. Diese Erinnerungen machten mich stark, denn sie brannten sich in mein Gedächtnis ein wie ein Tattoo auf dem Handrücken.

Ich sagte mir: »Ein Stück weit muss ich die Weihnachtsvöllerei halt einkalkulieren. Wichtig ist das Bewusstsein, welch harte Rechnung dir am Ende serviert wird. Du weißt ja: Die Geschichte wiederholt sich, bis wir daraus lernen.«

Die Gier nach Fett

Meinen ersten außerweihnachtlichen Rückfall hatte ich gut eineinhalb Jahre nach meinem KLICK. Ich wog damals 118 Kilogramm, hatte also schon 32 Kilogramm abgenommen. Das war der neuntägige Salami-Camembert-Eier-Butter-Brötchen-Rückfall! Neben dem allabendlichen Berg an Spaghetti Bolognese vertilgte ich jeden Nachmittag vier belegte Mega-Brötchen. Zur Erinnerung: Das waren 200 Gramm Haussalami, vier hartgekochte Eier, 125 Gramm Butter, vier Laugenbrötchen und ein großer Camembert. Dabei fiel ich wieder in mein altes Verhaltensmuster zurück: Ich strich zwei dicke Scheiben Butter auf die untere Hälfte und zwei dicke Scheiben Butter auf die obere Hälfte des Brötchens. »Mit dem Doppeldecker schmeckt's halt gleich noch mal so gut«, dachte ich mir.

Ich war absolut machtlos. Fremdgesteuert. Der Kobold mit den Joysticks führte das Kommando. Ich lechzte geradezu nach Fett. Es gab auch keine Gegenstimmen in meinem Kopf.

Im Gegenteil. Ich dachte die ganze Zeit über: »Die Brötchen hab ich mir jetzt verdient. Jetzt gönne ich mir auch mal was. Ja, jetzt fresse ich mich so richtig voll.«

Als ich wieder klar denken konnte, stellte ich mich auf die Waage. »Verdammte Scheiße!

Sieben Kilo zugenommen. Sieben Kilo! In nur neun Tagen. Mein Gott! Mit meinem Fresswahn hab ich die letzten drei Monate ruiniert. Bravo, Martin! Toll gemacht! Das hast du wirklich ganz toll gemacht. Gratuliere! Du bist der Idiot des Jahres.«

Dieser Rückfall ließ mich in ein tiefes mentales Loch fallen. Ich zerfleischte mich innerlich wegen der zugenommenen Kilos und der vielen Fressattacken. Düstere Gedanken wie »Das schaffe ich ja doch nie« oder »Das hat doch eh alles keinen Sinn« wüteten in meinem Kopf. Das Resultat: zuerst Zorn, dann Verzweiflung, darauf Resignation und am Ende Selbstmitleid.

Nach ein paar Tagen besann ich mich auf meine bisherigen Erfolge und dachte: »Nutzt nichts, passiert ist passiert. In Summe hast du ja immer noch 25 Kilo abgenommen. Komm schon, das wird schon wieder. Schaust halt, dass das nicht noch mal passiert.«

Von 88 auf 107 Kilogramm

Mitte Oktober 2017 besuchte ich Freunde und Verwandte in Wien. Es war ein richtiger Schlemmerurlaub. In acht Tagen nahm ich sechs Kilogramm zu. Als ich zu Hause wieder auf die Waage stieg, zeigte sie 94 Kilogramm an.

Drei Wochen später hörte ich mit dem Rauchen auf. Darauf folgte mein brutalster Rückfall: von 94 Kilogramm Ende November auf 107 Kilogramm im Mai. Obwohl ich also, innerhalb von sieben Monaten, insgesamt 19 Kilogramm zugenommen hatte, blieb ich innerlich ruhig und gelassen. Ich dachte: »Ich hab das ja schon ein paarmal durchgemacht. Ich weiß ja, wie es geht. Es dauert jetzt halt seine Zeit. Ich muss geduldig sein und jeden Tag spazieren gehen.«

Kleine Rückfälle

Neben den großen Rückschlägen gab es auch viele kleine Fressattacken. Manchmal mampfte ich zehn Schokoladenriegel, sechs Bananen, einen Liter Milch und 200 Gramm Nüsse — einfach so als Snack. Einmal verschlang ich einen ganzen Schokoladenkuchen, ein anderes Mal drei gehäufte Suppenteller Hackbraten mit Kartoffelpüree. Nach einer besonders üppigen Schlachtplatte war ich so voll, dass ich zwei Tage lang keinen Bissen mehr hinunterbrachte. Fressattacken, die nur einen Tag dauern, nehme ich nicht allzu schwer; sie gehören auch heute noch zu meinem Alltag. Wichtig ist nur, dass wir uns deswegen nicht aufgeben oder uns selbst fertig machen.

Körperliche Rückschläge

Neben den wochenlangen Fressattacken, die mich jedes Mal zurückwarfen, musste ich auch körperliche Rückschläge bewältigen. Einmal schmerzten meine Knie so sehr, dass ich ein halbes Jahr lang mit dem Spazieren pausieren musste. Ein anderes Mal tat mir der Rücken so weh, dass ich kaum noch gehen konnte. Besonders schlimm war es, als alles zusammenkam. Jetzt war es wichtig, nicht zu viel zuzunehmen. »Wenn ich mein Gewicht eine Zeit lang halte, ist das schon ein Erfolg«, dachte ich. »Du musst jetzt stark sein. Durchhalten. Auf Regen folgt Sonnenschein ...«

Entwöhnung im Schneckentempo

Im September 2015 zwang mich der Verdacht auf Diabetes Typ 2, meinen Kaffee ohne Zucker zu trinken. Mein Entzug begann an einem verregneten Montagmorgen. Widerwillig schraubte ich die Zuckermenge von zwei gehäuften Teelöffeln auf einen ganzen und drei Viertel Teelöffel herunter. »Ekelhaft!«, dachte ich. »Viel zu bitter!« Doch schon am Mittwoch schmeckte mir der Kaffee, und ich fragte mich: »Wie konnte ich den eigentlich je süßer trinken?«

Woche für Woche reduzierte ich die Menge um einen Viertel Teelöffel Zucker. Abgesehen vom Montags- und Dienstagsgemeckere lief alles wie am Schnürchen. Nach sieben Wochen war ich bei einer Messerspitze angelangt. Diese letzte Phase des Zuckerentzugs dauerte über einen Monat — sie fühlte sich an wie ein Gummiband, das einfach nicht reißen wollte.

Größere Zeiträume betrachten

Einmal hatte ich wieder ordentlich zugeschlagen, sprich, viel zu viel gegessen: Nachmittags ertränkte ich eine halbe Sachertorte in Schlagsahne, abends vertilgte ich meine übliche Portion Spaghetti. Am nächsten Tag stellte ich mich auf die Waage. »Uff! Nur 100 Gramm zugenommen.« Tags darauf aß ich wieder etwas zu viel und nahm ebenfalls nur 100 Gramm zu. Obwohl ich am dritten Tag normal aß, wurde mir am vierten die Rechnung präsentiert. »Scheiße! Eineinhalb Kilo mehr ...« Verzweiflung, Selbstmitleid und Gedanken ans Aufgeben überkamen mich. Ich empfand es als ungerecht, so als ob mir das Schicksal Prügel vor die Füße warf oder eine dunkle Macht sich gegen mich verschworen hätte. Doch diese Rechnung hatte sehr wohl der Wirt gemacht, und zwar für die fünf großen Stücke Sachertorte mit zehn gehäuften

Vorlegelöffeln Schlagsahne. Irgendwie auch logisch. Trotzdem, seltsam ist es schon, dass die Kilos erst mit Verzögerung ins Gewicht fallen.

Und wenn die Waage wieder mehr anzeigt?

Ja, ich weiß, das fühlt sich absolut beschissen an. Trotzdem: Lass dich vom Auf und Ab der Waage nicht entmutigen. Es ist ganz normal, dass das Gewicht täglich schwankt, oft sogar um zwei bis drei Kilogramm. Die Waage zeigt oft unverständliche Reaktionen — nach oben wie nach unten. Es gab Zeiten, da purzelten mir die Kilos nur so von den Hüften. Und manchmal, da bewegte ich mich viel, aß normal, machte Dehnungsübungen, spielte Tischtennis, und dennoch blieb die Waage wie versteinert.

Einmal ging ich zwei Wochen lang täglich zwölf Kilometer spazieren. Trotzdem nahm ich nur 200 Gramm ab. Ich dachte: »200 Gramm? Das darf doch nicht wahr sein. In zwei Wochen nur 200 Gramm? Scheiße! Scheiße! Oh Gott! Das ist jetzt echt schwer zu verkraften.«

Nach diesen zwei Wochen hatte ich eine Bänderzerrung im Knie und musste deshalb mit dem Spazieren pausieren. Doch genau in dieser Ruhephase schmolzen die Kilos herunter. Schon seltsam, denn gegessen hatte ich ganz normal.

Genauso seltsam verhielt es sich mit den neuen Tiefstständen. Natürlich war die Freude groß, wenn ein neuer Tiefststand auf dem Display der Waage aufleuchtete. Doch diese Freude währte meist nur einen Tag. Am Anfang ärgerte ich mich oft maßlos. Es fühlte sich wie ein kapitaler Rückschlag an. Zweifel, Wut und Hader kamen auf.

Allmählich begriff ich: Nach einem neuen Tiefststand steigt das Gewicht wieder. Darüber darfst du nicht enttäuscht sein. Das gehört eben zum Abnehmen dazu. Kurzum: Bleib gelassen, auch wenn der Rückschlag sich wie ein schwarzes Loch in deine Seele frisst. Gib nicht auf. Sei wie ein Stehaufmännchen. Mach einfach weiter und denk dir: »Abnehmen tut man eben nicht linear, sondern in Zickzacklinien.«

Der Soldat und die Hexe

In meinem allerverzweifeltsten Moment, eine Millisekunde vor dem Aufgeben, klammerte ich mich an diese alte Geschichte von mir:

Es war einmal ein junger Soldat namens Fredolin. Nach dem Ende des Krieges marschierte er, das Gewehr geschultert, Richtung Osten — denn dort, so hieß es, liege gutes Land.

Auf seinem Rücken trug er einen Tornister aus Ziegenfell, an dem, zusammengerollt, eine graue Decke befestigt war. Nach zwölf Tagen Fußmarsch durch die sengende Hitze der Steppe erreichte er ein schroff aufragendes Gebirge, das Kühlung und frisches Wasser versprach. Auf den letzten Metern eines steilen Hirtenpfads fiel sein Blick auf eine bewaldete Hochebene hinab. In deren Mitte lag ein klarer See, dem ein kleiner Bach zufloss. Auf der gegenüberliegenden Seite des Sees sah Fredolin ein Steinhäuschen, aus dessen Schornstein Rauch aufstieg. »Fein«, folgerte der Soldat, »da ist wer zu Hause.«

Fredolin wischte sich den Staub von der blauen Uniform, nahm seinen Napoleonhut ab und strich sich mit den Fingern durch das Haar. Er klopfte dreimal an die Eichenholztür und rief: »Hallo! Ist wer zu Hause?«

Langsam öffnete sich die knarrende Tür. Eine alte Hexe mit ungepflegten Haaren trat heraus. Sie trug ein schlichtes graues Leinenkleid und einen spitzen Filzhut. Auf ihrer linken Schulter hockte ein Kolkrabe, der Fredolin mit einem grimmigen »Kroa! Kroa!« anstarrte.

»Guten Tag«, sagte Fredolin und deutete mit der Muskete auf die andere Seite des Sees. »Ich wollte fragen, ob ich da drüben beim Bächlein siedeln kann? Ich will ein Haus bauen, mir ein Weib zur Frau nehmen, Kinder kriegen und hier als Fischer bis ans Ende meiner Tage leben.«

Die Hexe zeigte auf ein halbes Holzfass, das gut 40 Schritte entfernt unter einer prächtigen Silberweide stand. »Wenn du den Bottich mit Quellwasser füllst.« Sie lächelte den Raben auf ihrer Schulter an und flüsterte: »Damit Totenherz drin baden kann.«

Fredolin zwirbelte an seinem Kinnbart herum. »Wieso fliegt der Rabe nicht selbst zur Quelle?«

»Das ist meine Sache«, antwortete die Alte.

»Und wie soll ich das machen?«, fragte Fredolin. »Die Quelle liegt doch hoch oben auf der anderen Seite des Sees.«

»Das ist deine Sache«, sagte die Hexe.

»Aber ich hab nur diese Feldflasche.« Nach einigem Hin und Her senkte er den Kopf und nickte einmal kurz. »Gut, dann soll es so sein.«

An diesem Abend saß Fredolin noch lange am Lagerfeuer. Er betrachtete das Häuschen auf der anderen Seite des Sees und dachte: »Die Alte ist doch von allen guten Geistern verlassen. Das macht doch alles keinen Sinn.«

Stunden später sah Fredolin in den wolkenverhangenen Nachthimmel und gähnte. »Was soll's! Darüber nachzudenken lohnt nicht.«

Er legte seinen Hinterkopf auf den Tornister, drehte sich zur Seite, zog die Decke über die Schulter und wickelte sich ein. »Alles hat einmal ein Ende«, dachte er und schlief ein.

Tagaus tagein marschierte Fredolin von der Quelle zur Silberweide und wieder zurück.

Als vier schweißtreibende Wochen später, der letzte Tropfen Quellwasser aus der Feldflasche in den randvollen Bottich fiel — plopp — war der Bottich leer.

Die Lage war trostlos. Monat für Monat dasselbe Spiel. Die letzten Blätter der Bäume fielen und der erste Morgenfrost kündigte den nahenden Winter an. Doch ans Aufgeben wollte Fredolin nicht denken. Auch wenn es sinnlos schien. Er war bereit, bis zum letzten Atemzug für dieses Stückchen Land zu kämpfen.

Zehn Tage später fiel Schnee, und eine dünne Eisschicht bedeckte den See. Der Nordwind fegte unbarmherzig über die Hochebene. Fredolins Hände froren klamm, seine Zähne klapperten und er zitterte am ganzen Körper.

In dieser bitteren Stunde erschien eine winzige moosbewachsene Waldfee. Sie schwebte wie ein Kolibri vor Fredolins Nase, lächelte und sprach: »Deine Beharrlichkeit hat mein Herz berührt.«

Die Waldfee schnipste mit den Fingern, und das Haus der Hexe verschwand wie Asche im Wind. Dann schnipste sie noch einmal, und das Tal erblühte. Es war Frühling.

Ich weiß, es ist einfältig, an Märchen oder selbst erfundene Geschichten zu glauben. Nichtsdestotrotz sagte ich mir in meiner Verzweiflung: »Irgendwie wird es schon klappen. Beharrlichkeit zahlt sich aus. Denk an die Geschichte vom Soldaten und der Hexe.«

»Na bravo! Wirklich toll! Sag mal, geht's dir noch gut? Bist du jetzt vollkommen gaga? Klammerst du dich jetzt schon an deine eigenen Hirngespinste?«

»Jedenfalls besser als aufgeben!«, konterte ich.

Der Dalai Lama sagte: »Die schwierigste Zeit in unserem Leben ist die beste Gelegenheit, innere Stärke zu entwickeln.«[47]

---

[47] Dalai Lama (* 1935) geistliches Oberhaupt des tibetischen Buddhismus. Friedensnobelpreisträger.

KAPITEL 8
Wer rastet, der rostet

Spazieren

Es war im Herbst 2012. Hastig betrat mein Hausarzt, der selbst übergewichtig war, das Besprechungszimmer. Er begrüßte mich mit einem festen Händedruck und fragte: »So, wo drückt denn der Schuh?«

»Mir tut der Rücken weh.«

Der Arzt sah mich durch die dicken Gläser seiner Hornbrille an und sagte: »Das wundert mich kein bisschen. Sie wiegen 150 Kilo und bewegen sich nicht. Muskeln, Bänder und Sehnen brauchen Bewegungsimpulse. Fehlen diese, wird Muskulatur abgebaut. Es heißt nicht umsonst: Wer rastet, der rostet. Verstehen Sie?«

Ich sah auf den Boden und murmelte: »Mhm.«

»Probieren Sie Nordic Walking. Das ist wie gemacht für Dicke. Es schont die Knie und die Gelenke und stärkt die Brust-, Rücken- und Schultermuskulatur. Und!« Der Arzt hob den Zeigefinger. »Beim Nordic Walking wird auch wesentlich mehr Fett verbrannt als beim normalen Walking.«

»Das hab ich schon versucht. Da kriege ich Ohrensausen. Die Stöcke scheppern lauter als die Guggenmusik[48].«

Mein Hausarzt sah mich irritiert an.

»Ja, wissen Sie, momentan nehme ich Geräusche wie durch einen Verstärker wahr. Das automatische Schließen Ihrer Eingangstür, zum Beispiel, donnert in meinen Ohren lauter als die Kirchentür. Momentan zucke ich schon zusammen, wenn ich über ein welkes Blatt radle. Aber wie! Mit Adrenalin auf Anschlag. Am schlimmsten sind Lastwagen. Aber lassen wir das.«

Nach einer kurzen Pause fragte der Arzt: »Haben Sie Knieprobleme?«

»Nein.«

»Dann gehen Sie spazieren. Spazieren stärkt den Bewegungsapparat, regt die Fettverbrennung und die Durchblutung an. Es macht unter anderem auch glücklich, da Endorphine freigesetzt werden.«

---

[48] Guggenmusik: extrem laute und schräge Fasnacht-Blasmusik.

Ich sah meinem Doc tief in die Augen. »Glücklich? Sie meinen, Spazieren hilft mir auch bei meinen Depressionen?«

»Ich denke schon, aber da will ich mich nicht einmischen. Jedenfalls ist Spazieren Balsam für den ganzen Körper. Es senkt Blutdruck und Zuckerwerte, stärkt das Immunsystem und bringt den Kreislauf in Schwung.«

»Wow! Wenn ich Ihnen so zuhöre, ist Spazieren die Lösung für all meine Probleme.«

»Genauso ist es. Dann können Sie vermutlich auch wieder besser schlafen. Fangen Sie ganz gemütlich an, übertreiben Sie es nicht. Steigern Sie Distanz und Tempo langsam. Meiden Sie harten Untergrund! Waldboden wäre ideal.« Mein Hausarzt hielt kurz inne und sagte dann: »Fürs Abnehmen gibt es einen guten Trick: Wenn Sie zwei Stunden nach dem Spazieren nichts essen und nur Wasser trinken, verbrennt der Körper in dieser Zeit weiterhin Fett.«

Die Geschichte vom Rheindamm

Als ich mir ernsthaft vornahm, wieder spazieren zu gehen, dachte ich: »An den Schuhen darf ich nicht sparen. ›Wer billig kauft, kauft teuer‹, sagte meine Oma immer. Ja, und ich brauche welche, die mein Gewicht gut abfedern.«

An den Tag, an dem ich das erste Mal wieder spazieren ging, erinnere ich mich noch gut. Es war ein brütend heißer Nachmittag Anfang August 2014. Ich wog damals 130 Kilogramm und dachte mir: »Am Rheindamm gibt es keinen Schatten, da kann ich mich so richtig ausschwitzen. Ich gehe vom Fischerheim bis ganz raus.«

»Bis ganz raus? Bis zum Ende des Rheindamms?« Ich zeigte mir selbst den Vogel. »Sag mal, spinnst du jetzt komplett? Das sind doch gut und gern zehn Kilometer! Und das in der prallen Sonne?«

Doch ich blieb stur. »Ich schaffe das! Und wenn ich 20 Pausen machen muss.«

»Dann nimm wenigstens genügend Wasser mit. Sonst kriegst du noch einen Hitzeschlag. Ja, und zieh Leggings unter der Hose an, sonst läufst du dir garantiert einen Wolf.«

Ich packte ein Ersatz-T-Shirt, ein Frotteehandtuch und zwei Flaschen Wasser in den Rucksack. Außer dem weißen Handtuch war alles schwarz. Schwarze Schuhe, schwarze Socken, schwarze Leggings, schwarze Shorts, schwarzes T-Shirt, schwarzer Rucksack. Schwarz macht ja bekanntlich schlank. Dann fuhr ich mit dem Fahrrad zum Fischerheim.

Nach 45 Minuten spazieren brannte der Schweiß wie Feuer in meinen Augen. Ich rieb mir das Gesicht mit dem Handtuch trocken und stöhnte. »Ich bin fertig! Fix und fertig.«

»Mach dir doch nichts vor«, sagte der Schweinehund. »Bis ganz raus schaffst du das nie. Das ist vollkommen illusorisch.«

»Ach, was! Was redest du denn da? Jetzt machst du erst mal eine Pause, rauchst gemütlich eine Zigarette, ruhst dich aus. Du weißt doch: Was immer man tut, eine Pause tut gut.«

»Ja, eine Pause. Das ist eine gute Idee. Dann sehen wir weiter ...« Eine Viertelstunde später schnallte ich den Rucksack wieder um. »Auf! Auf! Komm schon! Bis zur Sandinsel schaffe ich es. Das ist höchstens noch ein Kilometer.«

Ich schaffte es tatsächlich bis zur Sandinsel. Als ich ankam, war ich so klitschnass, dass das T-Shirt wie ein Saugnapf an meiner Haut festklebte. Ich fühlte mich wie ein Knoblauch in der Presse. Der lauwarme Schweiß quoll buchstäblich aus allen Poren.

Vollkommen ausgepumpt sackte ich mit dem Gesäß auf einen Baumstamm, der am Ufer des Bodensees lag. Ich schnappte nach Luft und dachte: »Wasser! Wasser! Ich brauche Wasser.«

Nach zwei Zigaretten sagte der Schweinehund: »Du solltest es besser nicht übertreiben. Du hast es bis zur Sandinsel geschafft. Das sind doch ganz locker drei Kilometer. Und das beim ersten Mal! Das ist doch ein toller Erfolg. Bravo! Da kannst du echt stolz auf dich sein. Und vergiss nicht: Zurück musst du ja auch noch.«

»Ja, genau! Du bist ein toller Motivator. Wenn ich auf dich gehört hätte, hätte ich heute 180 Kilo!«

45 Minuten später war ich am Ende des Rheindamms angelangt. Ich wechselte das T-Shirt, legte das Handtuch zum Trocknen auf ein Stück Schwemmholz und gönnte mir eine halbe Stunde Pause. Ich trank Wasser mit Holunder-Sirup, rauchte vier Zigaretten, genoss die Sonne und den Wind.

Auf dem Rückweg jammerte ich. »Mir tut alles weh.«

»Wundert dich das?«, fragte ich. »Du musstest es ja unbedingt übertreiben.«

»Ach, was! Ist bloß ein Muskelkater.«

Nach sechs Stunden, fünf Pausen und zwölf Zigaretten stand ich wieder beim Fischerheim. Ich schaute auf die Gesundheits-App meines Smartphones und dachte: »Fast acht Kilometer.

Wow! Unglaublich. Ich hätte nie gedacht, dass ich das wirklich schaffe. Ja, Mann!« Ich ballte die Fäuste. »Patschnass! Total fertig! Aber ich hab's geschafft. Ich hab's tatsächlich geschafft.«

Ich bereute es nicht ein einziges Mal, wenn ich spazieren ging. Im Gegenteil: Ich fühlte mich jedes Mal fantastisch und war stolz auf mich. Natürlich taten mir am Anfang immer wieder einmal die Gelenke weh. Doch meistens verschwanden diese Schmerzen schon nach ein paar hundert Metern.

Die Rose des kleinen Prinzen sagte: »Ich werde wohl die Raupen ertragen müssen, wenn ich die Schmetterlinge kennenlernen will.«[49]

Tu, was dir Spaß macht! Bei mir war es Tischtennis

Für mich war es wichtig, anfangs eine Sportart zu wählen, die nur kurze Motivationsphasen erfordert. Es ist wesentlich einfacher, sich von einem Ball zum nächsten zu motivieren, als beispielsweise zehn Kilometer auf dem Hometrainer herunterzustrampeln. Mehr Spaß macht es auch.

---

[49] Antoine de Saint-Exupéry, »Der kleine Prinz«, Arche Verlag, Zürich, 1950.

Als mich Kalle das erste Mal Tischtennis spielen sah, sagte er: »Der steht ja bloß in der Gegend rum. Der bewegt sich ja gar nicht.«

»Schau mal!«, sagte ich. »Ein Schritt nach links, zurück in die Ausgangsposition, ein Schritt nach rechts und wieder zurück. Siehst du?«

»Ja, ich sehe es. Und dabei ein bisschen mit den Knien wippen. Glaubst du wirklich, dass du so abnimmst? Mit Steh-Tischtennis?«

Es sah vermutlich wirklich nicht nach viel aus, doch ich ging damals an meine Grenzen. Nach ein paar Spielen war ich so patschnass geschwitzt, dass ich den Schweiß aus meinem T-Shirt wringen konnte.

»Geht's noch?«, fragte Tino, mein Tischtennispartner. »Du hast schon einen ganz roten Kopf. Komm, wir machen eine Rauchpause, sonst kriegst du mir noch einen Herzinfarkt.«

Nicht übertreiben

Mitte Februar 2022 musste ich zum Orthopäden. Die Arzthelferin führte mich ins Besprechungszimmer, deutete auf einen schwarzen Freischwinger und sagte: »Bitte, nehmen Sie Platz. Der Doktor kommt gleich.«

Ich betrachtete die imposante, weiße Bücherwand hinter dem Schreibtisch. »Wow!«, dachte ich. »Das sind sicher alles Sondereditionen.«

Ich hörte Schritte. Ein großer, stattlicher, grauhaariger Mann trat zur Tür herein und lächelte mich freundlich an. »So, bitte, was kann ich für Sie tun?«

»Meine Fußsohlen sind so angeschwollen, dass ich kaum mehr gehen kann. Ja, und im rechten Vorderfuß tut es auch weh.«

Der Arzt setzte sich auf seinen Rollhocker und rieb seine Hände mit Desinfektionsmittel ein. »Treiben Sie Sport?«

»Wenn es nicht gerade schüttete, bin ich die letzte Zeit jeden Tag zehn Kilometer spazieren gegangen.«

»Da haben Sie es wohl übertrieben. Ziehen Sie bitte Ihre Schuhe und Ihre Socken aus.«

Der Orthopäde rollte mit dem Hocker zu mir herüber und drückte mit seinen Daumen an meinen Fußsohlen herum. »Tja, Sie haben da eine Lederhose.«

»Eine Lederhose?«

»Sorry.« Der Arzt schmunzelte. »Ein Kalauer unter Orthopäden. Eigentlich heißt es ›Morbus Ledderhose‹. Mit Doppel-D. Keine Angst, das ist gutartig. Außerdem haben Sie links einen Spreiz- und rechts einen Senkfuß. Hat man Ihnen das schon mal gesagt?«

»Nein, das höre ich zum ersten Mal.«

Sichtlich fassungslos schüttelte der Arzt den Kopf. Dann umfasste er meinen Vorderfuß und drückte kurz fest zu.

»Autsch!«, sagte ich. »Ja, genau, das ist es.«

»Tja, das ist ein Morton-Neurom, eine gutartige Verdickung des Mittelfußnervs. Weil es meist Frauen betrifft, vermutet man, dass es von zu engen Schuhen kommt. So, jetzt stehen Sie bitte auf und stellen sich ganz gerade hin. Ja, gut so.« Der Orthopäde stand ebenfalls auf. Er zupfte sich sein weißes Polohemd zurecht, ging zwei Schritte zurück und betrachtete mein Becken. »Ihr rechtes Bein ist zu kurz.« Er schüttelte abermals den Kopf. »Sagen Sie bloß, das hören Sie auch zum ersten Mal?«

Nun schüttelte auch ich den Kopf. »Ich hab's doch gewusst! Ich hab das immer schon gesagt.«

»Wissen Sie, niemand hat zwei genau gleich lange Beine. Dass eines etwas kürzer ist, ist also normal. Doch Ihr rechtes Bein ist um einiges zu kurz. Ich überweise Sie jetzt zum MRT und zum Röntgen. Danach sehen wir weiter. Bis dahin tragen Sie am besten breite Schuhe.« Er deutete mit dem Zeigefinger auf seine Korksandalen und sagte: »Oder sowas.«

»Im Winter?!«

Der Orthopäde zuckte mit den Schultern.

Drei Monate später maß der Arzt die Röntgenaufnahme mit einer Hilfslinie am Computerbildschirm aus. Murmelnd tippte er ein paar Zahlen in die Tastatur. Dann drehte er sich zu mir um und sagte: »Ihr rechtes Bein ist zwölf Millimeter zu kurz. Keine Angst. Das können wir ausgleichen.« Er druckte eine Verordnung für Heilbehelfe aus und sagte: »Damit gehen Sie zum orthopädischen Schuhmacher. So, jetzt schreibe ich Ihnen noch eine Zuweisung für die Strahlentherapie. Die besprechen dann alles Weitere mit Ihnen.«

Nach sieben Monaten und zehn Bestrahlungen war es kaum besser. Ich hatte mich schon damit abgefunden, nie wieder spazieren gehen zu können. Ein paar Tage später rief mich mein ehemaliger Versicherer an. Ich erzählte ihm die Geschichte und endete mit den Worten: »Ich konnte jetzt ganze elf Monate nicht mehr spazieren gehen. Ich musste mir sogar das Gehen in der Wohnung einteilen.«

»Echt?«

»Ja, echt. Selbst Radfahren war kaum möglich. Jetzt bin ich aber wieder guter Dinge. Nächste Woche hab ich einen Termin beim orthopädischen Schuhmacher in Bregenz.«

»Beim Kipping?«, fragte Norbert.

»Ja«, sagte ich. »Kennst du den?«

»Jaja, der Frank war Kunde bei mir. Der ist wirklich super. Michael Schumacher[50] war übrigens auch dort.«

»DER Michael Schumacher?«

»Jaja, DER Michael Schumacher.«

»Wow!«

---

[50] Michael Schumacher (* 1969) ehemaliger deutscher Rennfahrer. 7-facher Formel-1-Weltmeister.

Als ich die orthopädische Schuhmacherei betrat, klingelingelingte die automatische Türglocke. Eine Stimme von ganz weit hinten rief: »Moment noch bitte. Bin gleich da.«

Ich sah mich um: ein Sofa, dazu ein Wohnzimmertisch mit Zeitschriften, Computer, Displays, Werkzeuge, Messgeräte und Schuhe, viele Schuhe. Bergschuhe, Skischuhe, Laufschuhe, Fußballschuhe, Schnürschuhe, Sandalen.

Als ich zum ersten Mal in meinen maßgefertigten Schuheinlagen stand, wippte ich testweise hin und her. Damit die Schuhe auch wirklich perfekt passten, wurden sie vorher noch gedehnt. Ich strahlte über das ganze Gesicht und sagte: »Fühlt sich gut an.«

Schnurstracks radelte ich zum Harder Binnenbecken. Ich dachte: »Das muss ich gleich ausprobieren.« Da ich der Sache noch nicht ganz traute, schob ich zur Sicherheit das Fahrrad mit. Nach einem drei Kilometer langen Spaziergang drehte ich fast durch vor Glück und Dankbarkeit. »Mannomann, ist das geil! Ich kann wieder gehen! Ich kann tatsächlich wieder gehen.« Mir fiel ein zentnerschwerer Klotz vom Herzen.

Ich stehe und gehe jetzt viel aufrechter. Beim Spazieren scheuern die Schuhe nicht mehr aneinander. Die letzte Messung ergab sogar eine leichte Verbesserung meines Senkfußes. Also: Sei bitte schlauer als ich. Übertreibe es nicht.

Kaufe keine engen oder billigen Schuhe. Lass dir gegebenenfalls dein Becken ausmessen. Trage von Anfang an orthopädische Schuheinlagen vom Spezialisten und lass dir deine Schuhe an den Druckpunkten dehnen. Dein Körper wird es dir danken. Versprochen.

Wie ich meinen inneren Widerstand überwand

Natürlich sind die persönlichen Situationen übergewichtiger Menschen so unterschiedlich wie ihre Fingerabdrücke. Darum kann es auch keine einheitliche Strategie für alle geben. Meistens liegt die Lösung ja auf der Hand. Doch der Schweinehund hat uns Scheuklappen aufgesetzt, die unsere Sicht einengen, uns den Blick auf das Ganze verstellen. Erinnern wir uns an den Schweinehund, den wir dabei ertappten, wie er unser Schiff steuerte. Gut, das mit den Zigarren, dem Schnaps und dem schmuddeligen Äußeren muss nicht für jeden Schweinehund gelten. Wir wollen ja nicht alle über einen Kamm scheren. Trotzdem: Schweinehund bleibt Schweinehund. Der erste Gedanke war: »Ab auf die Planke, hinein mit ihm ins nasse Grab und auf Nimmerwiedersehen.« Der zweite: »Kielholen reicht völlig. Das wird ihm eine Lehre sein, dem Sauköter.«

Stellen wir uns vor, mitten im Winter kommt uns der Gedanke, spazieren zu gehen. Der Schweinehund würde uns wohl sagen: »Spinnst du? Draußen ist es eiskalt! Viel zu dunkel! Viel zu rutschig!«

Für die Aufmüpfigen gibt es noch schnell einen Schlag unter die Gürtellinie, wenn es sein muss auch mit bitterböser Häme.

Spürt er einen starken Willen zur Veränderung, gaukelt er uns vor, uns zu unterstützen, indem er beispielsweise sagt: »Ja, das machen wir. Das ist eine tolle Idee! Doch das will alles gut überlegt sein. Von der richtigen Outdoor-Bekleidung bis hin zu den richtigen Schuhen.«

Unser Schweinehund wird uns hinhalten, es sozusagen auscouchen, äh, aussitzen. Er vertraut darauf, dass wir schon bald wieder im Treibsand unserer alten Gewohnheiten versinken. Am besten klappte es, indem ich erst gar nicht mit ihm diskutierte. Das funktioniert morgens fast immer, denn auch wenn Schweinehunde einmal wach sind, räkeln sie sich lieber genüsslich unter der warmen, weichen Decke und gähnen viel, bevor sie damit beginnen, sich den Schlaf aus den Augen zu reiben. Bis sie hellwach sind, vergeht ganz locker eine halbe Stunde. In dieser Zeit lassen sie sich am leichtesten übertölpeln. Es gibt viele Wege, sich seinem Schweinehund zu stellen. Ich verwandelte mich in ein wachsames Erdmännchen, das auf seinem Hügel steht und die Steppe beobachtet — nur beobachtete ich meine Gedanken. Denn um die Ankleidphase ohne Abwärtsspirale zu überstehen, musste ich die Miesepetereien des Schweinehunds schnellstmöglich enttarnen.

Sonst schaffte er es, unbemerkt mehrere Gedanken hintereinander zu platzieren, und dann — eins, zwei, drei — war das Trödelmonster und die Zauderziege mit dabei.

Beim finalen Schuhebinden dachte ich: »So, jetzt bloß nichts denken, dann Kopfhörer auf und raus!« Draußen sang ich volle Kanne in Gedanken mit. Die absolute Konzentration auf den Song aktivierte mein geistiges Schutzschild, das den Schweinehund für ein paar weitere Minuten in Schach hielt.

Wenn Panikattacken besonders schlimm sind und ich, zum Beispiel im Zug, nicht hinaus kann, zähle ich in Gedanken so lange »eins, zwei, drei« wie »Boom Boom Clap« in Queens weltberühmtem »We Will Rock You«[51], bis ich wieder draußen bin.

Am Anfang fiel es mir richtig schwer, mich gegen den Schweinehund zu behaupten. Obwohl ich schon fertig angezogen war und die Klinke der Wohnungstür bereits in der Hand hielt, schaffte er es immer wieder, mich vom Spazieren abzuhalten.

---

[51] »We Will Rock You«, Queen, EMI Records, London, 1977.

Ich latschte dann planlos in der Wohnung herum und führte Endlosdiskussionen. Einmal diskutierte er ganze anderthalb Stunden mit mir. Zum Schluss sagte er: »Es ist kalt draußen! Morgen hast du einen wichtigen Termin. Wenn du jetzt spazieren gehst, erkältest du dich vielleicht und musst den Termin absagen. Komm, wir streichen das Spazieren heute ausnahmsweise. Sicher ist sicher.«

Er hatte mich komplett eingelullt und schon fast überzeugt. Am Ende pochte ich auf eine Vereinbarung mit mir. »Ja, aber wir haben ausgemacht, dass ich jeden Tag spazieren gehe! Und zwar ohne Wenn und Aber!«

Ich steckte mir meine In-Ear-Kopfhörer in die Ohren, drückte den Lautstärkeregler am Handy auf Maximum und tippte auf die Playlist mit der Bezeichnung »Start Spazieren«. Die ersten vier Songs auf dieser Liste waren immer dieselben: Erst »Changes«[52] von David Bowie, danach »Mein Ding«[53] von Udo Lindenberg, dann »It's a Long Way to the Top« und »Hells Bells« von AC/DC[54].

---

[52] »Changes«, David Bowie. RCA Records, Trident Studios, London, 1971.

[53] »Mein Ding«, Udo Lindenberg, Boogie Park Studio, Warner Music, Hamburg, 2008.

[54] »It's a Long Way to the Top (If You Wanna Rock 'n' Roll)«, AC/DC, Albert Studios, Sydney, Australia, 1975. »Hells Bells«, AC/DC, Atlantic Records, Compass Point Studios, Bahamas, 1980.

Diese vier Lieder waren mein musikalisches Aufputschmittel, mein Triebwerk, das den nötigen Schub erzeugte. War ich erst einmal draußen an der frischen Luft, brauchte mein Körper nicht einmal zehn Minuten, um meinen Bewegungsdrang mit dem Ausschütten von Glückshormonen zu belohnen. Ich musste mich also nur auf die ersten zehn Minuten einstellen. Ich stellte mich mental nicht auf die gesamte Distanz ein, die ich gehen wollte, sondern nur auf die besagten zehn Minuten.

Mit der Zeit wurde die Beziehung zwischen mir und meinem Schweinehund immer besser. Auch der Schweinehund ist lernfähig. Er spürt ja, wie ihm das Spazieren und die Natur guttun. Heute meldet er sich ganz selten zu Wort, ist meistens Verbündeter und Antreiber sogar. Heute höre ich Sätze wie: »Jetzt warst du schon zwei Tage nicht mehr spazieren, du fauler Sack! Auf geht's! Vorwärts! Zieh dich an! Zack, zack!«

KAPITEL 9
Ende gut, alles gut

Situationen zum Schmunzeln

Nachdem ich so viel abgenommen hatte, dass ich wieder in normale Hosen passte, vergaß ich beim Pinkeln anfangs immer, den Hosenschlitz zuzuziehen. Das war wirklich peinlich, wenn ich hörte: »Martin, du hast den Hosenladen offen!«

Ich sagte dann: »Ups! Sorry. Das ist, weil ich zehn Jahre lang nur Jogginghosen getragen hab.«

Im Gegensatz zu Jeans besitzen Jogginghosen ja keinen Hosenladen. Daran musste sich mein Unterbewusstsein erst wieder gewöhnen.

Außerdem sah ich nach zehn Jahren meinen Penis wieder. Das war ein wirklich eindrucksvolles Erlebnis. Ich gluckste und sagte: »Ja, hallo! Wer bist DU denn?«

Als ich Kalle an seinem Geburtstag besuchte, öffnete seine Tochter die Haustür, drehte sich um und rief: »Papa! Da ist jemand für dich.«

Sie hatte mich während meiner Abnehmphase nicht gesehen. »Hallo, Kim. Ich bin es! Erkennst du mich nicht mehr?«

Kim musterte mich von Kopf bis Fuß. »Nein, das ist jetzt nicht wahr. Bist du das wirklich?«

Ich setzte mein breitestes Grinsen auf und sah ihr so lange in die Augen, bis sie zurücklächelte. »Was ist denn mit dir passiert? Hey, gut schaust du aus!« Kim umarmte mich. »Ich kann es immer noch nicht glauben, dass du das bist. Komm rein. Papa liegt auf der Couch. Er hat's mit den Bandscheiben …«

In der Bank erkannte man mich ebenfalls nicht wieder. Die Bankangestellte fragte: »Sind Sie Kunde bei uns?«

»Ja«, antwortete ich. »Seit 15 Jahren.«

Sie drehte sich um und fragte ihre Kollegen: »Kennt jemand von euch diesen Herrn? Er sagt, er sei seit 15 Jahren Kunde bei uns.«

Die Kollegen schüttelten stumm den Kopf.

»Es tut mir leid, aber niemand hier kennt Sie. Sie müssen sich bitte ausweisen«, sagte die Bankangestellte. »Da könnte ja jeder kommen.«

Wegen starker Schmerzen beim Spazieren musste ich zum Orthopäden. Der Doktor, im ganzen Land als Koryphäe bekannt, stellte die Diagnose innerhalb weniger Minuten. Da der Arzt selbst stark übergewichtig war, sprachen wir danach noch 15 Minuten übers Abnehmen. Neugierig fragte er: »Und? Wie haben Sie es gemacht? Mit einem Magenband?«

Jetzt mal ehrlich: Hätte dir dieses Buch als dicker Mensch genutzt?

Logisch. Ich hätte mich nicht so oft ärgern müssen, wenn ich gewusst hätte, was beim Abnehmen auf mich zukommt. Denk bloß an die ganzen Diäten, die ich mir hätte sparen können.

Ich hätte mir von Anfang an wirklich gute Wanderschuhe und orthopädische Schuheinlagen besorgt. Ich hätte mir ganz sicher mein Becken ausmessen lassen.

Ich hätte mich dem Kobold mit den Joysticks früher in den Weg gestellt und versucht, so lange wie möglich im Abnehm-Flow zu bleiben, anstatt ihn immer wieder aus seinem Winterschlaf zu wecken.

Ich hätte meinem Schweinehund besser Kontra geben können, wäre nicht so oft verzweifelt, wenn ich gewusst hätte, dass er früher oder später zu meinem Antreiber wird.

Ja, und ich hätte sicher schneller abnehmen können, wenn ich von Anfang an eine Küchenwaage genutzt hätte.

Ich hätte konsequent auf den Rat meines Arztes hören können und zwei Stunden nach dem Spazieren nichts essen und nur Wasser trinken.

Ich hätte früher das 16:8-Ernährungsmodell genutzt, wenn ich nicht erst im September 2023 eine Ernährungsberatung[55] gebucht hätte. Dasselbe gilt für die Stärkung der gesundheitsfördernden Bakterien in meiner Darmflora.

Ich hätte viel konsequenter mein Ingwer-Kräuter-Schwarztee-Gebräu trinken können, denn — wie gesagt — Schwarztee vertreibt den Hunger für eine Zeit. Vor dem Essen reichlich Wasser zu trinken hätte mir ebenfalls geholfen.

Ich hätte mich gesünder ernähren können, wenn ich mich früher mit den Inhaltsstoffen der Lebensmittel beschäftigt hätte. Das Bio-Tomatenmark für meine Spaghetti Bolognese zum Beispiel enthält nur halb so viel Zucker wie das billige Tomatenmark, das — nebenbei bemerkt — mehr Zusatzstoffe als Tomaten hat.

Auch die Crème fraîche hätte ich langsam reduzieren können. Den Sirup durch eine Zitrone ersetzen. Den Zucker und die Milch im Kaffee von Anfang an ausschleichen. Ich hätte ein vernünftiges Pflanzenöl kaufen können.

---

[55] Verein Arbeitskreis für Vorsorge- und Sozialmedizin. https://www.aks.or.at

Es wäre einiges möglich gewesen. Ich hatte vom Thema Ernährung so viel Ahnung wie ein Schaf vom Eierlegen. Auch Kalles Ernährungsberatung bewirkte damals nichts. Wie auch? Alles, was mir schmeckte, war verboten. Das Schöne daran ist, dass es trotzdem klappte. Grau ist eben alle Theorie.[56]

Überzeugen kann letztendlich nur die eigene Erfahrung. Wir müssen es selbst erleben, nicht nur theoretisch verstehen.

Was sich alles veränderte

Eines Tages saß ich auf meiner Couch und dachte über meinen bisherigen Weg nach. »Sag mal, was hat sich eigentlich alles verändert, seitdem du normalgewichtig bist?«

»Da weiß ich gar nicht, wo ich anfangen soll. Aber gut, ich brauche zum Beispiel keine blutdrucksenkenden Medikamente mehr!«

»Wow, das ist ja super!«

»Mein Hausarzt meinte: ›Es ist unverantwortlich, dieses Medikament einfach abzusetzen.‹

Ich sagte: ›Ich hab die Rivacor-plus-forte® ja schon vor zwei Wochen abgesetzt, und mein Blutdruck ist doch ganz normal.‹

---

[56] Johann Wolfgang von Goethe, »Faust. Der Tragödie erster Teil«, Verlag Cotta, Stuttgart, 1808.

›Ja, dann kann ich Ihnen nur gratulieren. Da sieht man, was Spazieren bringt. Aber wenn Sie damit aufhören, steigt Ihr Blutdruck wieder. Das ist so sicher wie das Amen im Gebet. Also: Immer schön in Bewegung bleiben, jeden Tag mindestens eine halbe Stunde.‹«

»Das machst du auch?«

»Mehr noch, ich gehe fast jeden Tag zwei Stunden spazieren, mache gelegentlich Dehnungsübungen und arbeite mit Widerstandsbändern. Ab und zu spiele ich Tischtennis.«

»Aber nicht mehr Steh-Tischtennis?«

»Nein.« Ich kicherte. »Wir spielen jetzt Sprint-Tischtennis! Und!« Ich klopfte auf meinen Brustkorb. »Ich gehe wieder schwimmen. Mein Gott, wie hab ich das vermisst! Der Geruch des Sees, das Wasser, die Sonne, der Wind, die Wellen — ich kann dir gar nicht sagen, wie sehr mir das gefehlt hat.«

»Sag mal: Gibt es eigentlich auch Nachteile beim Abnehmen?«

»Du meinst, außer dass ich in der Badewanne mehr Wasser brauche?« Ich lachte in mich hinein. »Nein, jetzt im Ernst. Der einzige Wermutstropfen ist, dass bei sehr adipösen Menschen mitunter eine Bauchschürze zurückbleibt. Diese kann jedoch chirurgisch entfernt werden. Die Operation selbst ist kein großer Eingriff und wird auch aus medizinischer Sicht befürwortet.

Die Patienten berichten einhellig von ›einem ganz neuen Lebensgefühl‹ und fühlen sich ›wie neu geboren‹.«

»Apropos neu geboren: Ich hab nur noch leichte Depressionen. Die schweren sind weg!«

»Unglaublich. Nach 19 Jahren.«

»Ja, dass ich das noch erleben darf.«

»Kannst du das bitte kurz erklären?«

»Klar. Bei schweren Depressionen lag ich wochenlang sinnentleert und antriebslos im Bett, wusch und rasierte mich nicht und putzte mir höchstens alle zehn oder elf Tage die Zähne.«

»Weißt du noch, wie der Zahnarzt das Gesicht verzog, als er dir die Essensreste zwischen den Zähnen rauspulte?«

»Wie könnte ich das je vergessen? Er rümpfte die Nase, schüttelte den Kopf und sagte mit einem abschätzigen Unterton: ›Ihr Mund ist ein Paradies für Bakterien.‹ Das war so peinlich. Dabei hatte ich die Zähne vorher geputzt. Mittlerweile hab ich seit vielen Jahren keine Karies mehr, die Mundhygiene tut nicht mehr weh, und der Mundgeruch ist auch weg.

Aber nicht nur das Zahnfleisch und die Zähne, auch die Seele jubiliert. Mein Selbstwertgefühl ist merklich gestiegen. Meine Selbstbeschimpfungen sind so gut wie verschwunden. Meistens sage ich nur noch: ›Na, bravo! Toll gemacht!‹ oder ›Muss das jetzt sein?‹

Ich liege nach dem Essen nicht mehr regungslos im Bett und verdaue. Ich dauerrülpse nicht mehr. Mein Gott! Ich kann dir gar nicht sagen, wie froh ich darüber bin.

Heute entleere ich meinen Darm schmerzfrei. Nach der Umstellung auf eine fleischlose und meist pflanzliche Ernährung flutscht mein Stuhlgang nun ganz sanft heraus. Ich kann mir ganz normal den Hintern putzen! Ich wasche mich jeden Tag, putze mir morgens und abends die Zähne, benutze Eau de Toilette, Gesichtscreme, Körpermilch, Hand- und Fußbalsam.«

»Wow! Da hat sich ja einiges verbessert.«

Ich biss mir auf die Lippen, hob eine Augenbraue und runzelte die Stirn. »Das kannst du laut sagen. Jetzt schneide ich mir die Zehennägel ohne Probleme, hab keine feuchten Socken mehr, balanciere auf einem Bein, um in die Hose zu schlüpfen, kann die Schuhe normal binden und stehe auf, anstatt mich vom Sitzen ins Stehen hochzuschaukeln!«

»Mein Gott, ja, das war alles so peinlich und so erniedrigend.«

»Jetzt ziehe ich Pullis stressfrei an und aus, ohne mich in einem Kokon aus Panik und Frustration gefangen zu fühlen.

Ich laufe mir ohne Leggings keinen Wolf mehr. Ich kann auf Gartensesseln mit Armlehnen sitzen, ohne dass mein Bauch eingequetscht wird oder die Stühle im Boden versinken.

Da fühle ich Stolz. Auch heute noch.

Ich klettere auf Leitern, ohne dass die Sprossen brechen, schaukle in der Hängematte, ohne dass sie reißt, fahre Rad, ohne dass es quietscht, und sitze im Auto, ohne dass die Federung auf meiner Seite nachgibt. Anstatt auf den Boden zu starren, sehe ich den Leuten in die Augen.

Statt in Schwarz herumzulaufen, trage ich jetzt auch farbige Klamotten und ziehe Jeans statt Jogginghosen an.«

»Ja, die Jeans sind wirklich ein Stück Lebensqualität. Sie fühlt sich einfach tausendmal besser an. Bye, bye, Schmuddellook.«

»Apropos Jeans. Den Gürtel enger zu schnallen, war auch immer ein grandioses Gefühl. Jedes Gürtelloch, ein spektakuläres Erlebnis.«

»Ja, gerade das erste. Weißt du noch? Zuvor hattest du den Gürtel ja gar nicht zugebracht.«

»Ja, und die XL! Jedes kleinere XL, in das ich passte, war ein magischer Moment. Als ich jedoch im L-T-Shirt vor Mamas Spiegel stand, sagte ich zu ihr: ›Weißt du, manchmal kann ich selbst kaum glauben, dass ich das bin.‹«

»Hast ja auch deine Essgewohnheiten Schritt für Schritt umgestellt.«

»Ja, früher war es mir egal, woher die Lebensmittel kamen. ›Hauptsache billig!‹, dachte ich. Ich verschwendete kaum einen Gedanken daran, welche Auswirkungen die Herstellung eines Produktes auf die Umwelt hat oder ob

Menschen in anderen Ländern dafür ausgebeutet werden. Dass Tiere für mein Essen ihr Leben lassen mussten, blendete ich, so gut es ging, aus. Auch in diesem Punkt hat es bei mir irgendwann KLICK gemacht. Heute ernähre ich mich nicht nur gesünder, ich kaufe auch bewusster ein. Ich sage nein zu pestizidverseuchten Agrarwüsten, nein zum lebenslangen Leid in der Massentierhaltung und nein zu meiner eigenen Vergiftung. Ich freue mich aufs Gemüse vom Bauern, die Salate aus Marlenes Hochbeet und die Kräuter aus ihrem Garten.

Früher trank ich Wasser mit haufenweise Sirup. Heute mische ich einen Liter Leitungswasser mit dem Saft einer Zitrone.

Anstatt mit zwei gehäuften Teelöffeln Zucker und reichlich Kondensmilch trinke ich meinen Kaffee heute schwarz.«

»Ja, bei zehn Tassen Kaffee am Tag kam da ordentlich Zucker und Fett zusammen. Der Sirup war auch nicht ohne — so süß, wie du ihn getrunken hast.«

»Mir war nicht bewusst, wie viel Zucker das war. Aber nicht nur der Sirup, auch scheinbar gesunde Getränke wie beispielsweise Fruchtsäfte sind wahre Zuckerbomben. Ganz abgesehen davon, dass das Fruchtfleisch das Gros der wertvollen Vitalstoffe enthält, nicht der ausgepresste Saft. Apropos Fruchtfleisch. Früher mochte ich Früchte nicht, heute liebe ich sie.«

»Früher schmeckte dir auch kein Gemüse. Das war doch bestenfalls Beiwerk für dich.«

»Stimmt. Da hat sich vieles verändert. Anstelle der vier Butter-Salami-Käse-Eier-Brötchen esse ich heute eine Scheibe Vollkornbrot mit 150 Gramm Hummus.«

»Das Hungergefühl hast du jetzt auch endlich im Griff.«

»Ja, nach etwa zwei Jahren konnte ich meinem beißenden Magen endlich mit einem milden Lächeln begegnen. Was für ein hammergeiles Gefühl! Ich konnte kaum fassen, was da gerade passierte. Ich sah auf meinen Bauch und dachte vollkommen relaxed: ›Du kannst knurren, solange du willst. Heute hast du keine Macht über mich.‹«

»Ja, die Verwandlung ist schon extrem. Denk bloß an den Schweinehund. Der hat sich ins komplette Gegenteil verkehrt. Heute lässt er nicht mal Blasen an den Fersen als Ausrede gelten: Kleb dir ein Pflaster drauf und jammere nicht herum!«

»Ja, der Schweinehund. Früher saß ich nur auf der Couch oder vorm Computer. Heute ist ein Tag ohne Spazieren ein seltsamer Tag, da stimmt irgendetwas nicht. Am liebsten gehe ich in den Wald. Der weiche Waldboden federt die Bewegungsenergie ab, ist Balsam für meine geschundenen Gelenke. Die Bäume senden einen biochemischen Cocktail an Botenstoffen aus, der mich sozusagen wieder erdet, mich heilt, mich in Einklang mit der Natur bringt. Früher wäre das für mich nur Humbug, Hokuspokus, fauler Zauber, esoterischer Quatsch gewesen. Heute weiß ich es besser. Ich gehe mit offenen Augen durch das kleine Wäldchen hier in Hard am Bodensee. Selbst im Winter ist der Wald noch ein Märchenland. Durch die kahlen Bäume bricht sich das Licht im Raureif, der an den Ästen haftet. Die weichen Strahlen der Sonne wärmen mein Herz auf eine ganz besondere Weise — so wie es eben nur die Wintersonne kann. Ich liebe es, die ersten Fußstapfen in den Schnee zu setzen. Eine Krähe, die das Brechen der Schneedecke hört, warnt ihre Krähenschar: ›Achtung! Achtung! Ein Zweibein nähert sich vom See her!‹ Die anderen Krähen antworten geschwind: ›Verstanden! Wir haben verstanden!‹

Als kleines Kind war es für mich ganz normal, mich bei Bäumen oder Sträuchern zu bedanken. Wenn ich mich an einem Ast abseilte, dachte ich: ›Danke, dass du mich hältst.‹ Ich hab mich sozusagen wieder zurückentwickelt, zu dem Kind, das ich einmal war. Ich hab die Seele des Waldes wiedergewonnen. Als ich noch kugelrund war, sah ich im Wald nur totes Dickicht und stacheliges Gestrüpp. Heute gehe ich durch einen lebendigen Organismus, mit dem ich mich verbunden fühle.

Früher bellten mich Hunde oft aus. Heute wedeln sie mit dem Schwanz und begrüßen mich mit einem Nasenstupser. Alleine dafür hätte sich die Verwandlung schon gelohnt. Dieses supertolle Gefühl wärmt mein Herz und berührt mich ganz tief. Und dafür bin ich unendlich dankbar.

Menschen grüßen mich freundlich, kleine Kinder lächeln mich an, und Frauen sagen: ›Du bist viel lockerer geworden.‹«

»Siehst du?«

Ich schmunzelte wie Mona Lisa[57]. »Doch das Beste kommt noch: mein komplett neues Ich-Gefühl. Ja, dieses neue Ich und wie es sich anfühlt, darum geht es, denn Abnehmen ist nur einer von vielen positiven Effekten, die ein bewussteres, aktiveres und gesünderes Leben mit sich bringt.«

»Die Zukunft ist nicht in Stein gemeißelt. Sie ist prinzipiell offen, folgt aber den Wahrscheinlichkeiten«, sagte Werner Heisenberg[58], der Begründer der Quantenmechanik. Du hast deine Zukunft also größtenteils selbst in der Hand, bist Schöpfer deiner eigenen Wirklichkeit.

---

[57] Leonardo da Vinci (1452–1519) italienischer Maler, Bildhauer, Architekt, Anatom, Mechaniker, Ingenieur und Naturphilosoph.

[58] Werner Heisenberg (1901–1976) Begründer der Quantenmechanik und der Heisenbergschen Unschärferelation. Nobelpreisträger.

Sei du der Vogel, der seinem Käfig entflieht. Sei du der Sherlock Holmes der Inhaltsstoffe. Sei du dein Mentalcoach, dein Transformator. Sei du der Honigdachs, der sich in deinen Kobold verbeißt. Sei du die Maus, die so lange strampelt, bis sie die Sahne in Butter verwandelt. Sei du der Phönix aus der Asche und erschaffe dir ein neues Leben. Sei du der Kapitän auf deinem Schiff und setze Kurs in Richtung eines neuen Ichs.

Literatur- und Quellenverzeichnis

01 **Carle, Eric** (1929–2021) US-amerikanischer Kinderbuchautor und Illustrator. »The Very Hungry Caterpillar« (Buch). World Publishing Company, Cleveland, Ohio, USA, 1969. »Die kleine Raupe Nimmersatt« (Buch). Übersetzt von Viktor Christen. Gerstenberg Verlag, Hildesheim, Deutschland, 1969.

02 **Lindgren, Astrid** (1907–2002) schwedische Kinder- und Jugendbuchautorin. »Pippi Långstrump« (Buch). Raben & Sjögren, Stockholm, Schweden, 1945. Übersetzt von Silke von Hacht. »Pippi Langstrumpf« (Buch). Verlag Friedrich Oetinger, Hamburg, Deutschland, 1949.

03 **Kipling, Rudyard** (1865–1936) britischer Schriftsteller. »The Jungle Book« (Buch). Macmillan and Company, London, Großbritannien, 1894. Übersetzt von Curt Abel-Musgrave. »Im Dschungel« (Buch). Verlagsbuchhandlung Friedrich Ernst Fehsenfeld, Freiburg im Breisgau, Deutschland, 1904.

04 **»Schnappi, das kleine Krokodil«**, Album: Schnappi, das kleine Krokodil. Track 1. Vocals by Joy Gruttmann. Music and Lyrics by Iris Gruttmann. Polydor Records, Hamburg, Deutschland, 2004.

05 **Pawlow, Iwan Petrowitsch** (1849–1936) russischer Mediziner und Nobelpreisträger. Vater der klassischen Konditionierung (1905) und der Placebo-/Nocebo-Forschung (1927).

06 **Spyri, Johanna** (1827–1901) schweizerische Kinder- und Jugendbuchautorin. »Heidis Lehr- und Wanderjahre« (Buch). F. A. Perthes, Gotha, Deutschland, 1879.

07 **Wikipedia:** Hungerstoffwechsel (Stand 13.05.2023) https://de.wikipedia.org/wiki/Hungerstoffwechsel. Letzter Aufruf: [25.02.2025].

08 **Grimm, Brüder** (Jacob 1785–1863, Wilhelm 1786–1859) »Kinder- und Haus-Märchen. Die Bremer Stadtmusikanten« (Buch). 2. Auflage. G. Reimer, Berlin, Deutschland, 1819.

09 **Davis, Jim** (* 1945) US-amerikanischer Cartoonist. »Garfield« (Comic-Strip) erscheint seit 1978 mit Kater Garfield, Hund Odie und deren Besitzer Jon Arbuckle in den Hauptrollen. United Feature Syndicate, New York, USA, 1978.

10 **Gandhi, Mahatma** (1869–1948) indisches politisches und religiöses Oberhaupt, Pazifist, Publizist und Rechtsanwalt. Führer der Unabhängigkeitsbewegung gegen die britische Kolonialherrschaft. »Mahatma« ist ein Ehrentitel und bedeutet »Große Seele«.

11 **Milne, Alan Alexander** (1882–1956) »Winnie-the-Pooh« (Buch). Methuen & Co. Ltd, London, Großbritannien, 1926. Übersetzt von E. L. Schiffer. »Pu der Bär« (Buch). Verlag Williams & Co., Berlin, Deutschland, 1928.

12 **Kafka, Franz** (1883–1924) deutschsprachiger Schriftsteller aus Prag (Böhmen, damals Österreich-Ungarn). »Die Verwandlung« (Buch). Verlag der weißen Blätter, Leipzig, Deutschland, 1915.

13 **Seneca, Lucius Annaeus** (1–65 n. Chr.) römischer Philosoph, Dramendichter und Politiker. Als Vertreter der Stoiker lehrte er, dass Tugend und Selbstbeherrschung das höchste Gut sind. Wichtige Werke sind »De Brevitate Vitae« (Essay) und »Epistulae Morales« (Briefe).

14 **Ulmer-Janes, Eva** (* 1948) österreichische Autorin, Diplomingenieurin für Architektur, Kostüm- und Bühnenbildnerin. »Magie im Management« (Buch). Seite 117. Iberia Verlag, Wien, Österreich, 2000.

15 **Jobs, Steven »Steve« Paul** (1955–2011) US-amerikanischer Unternehmer. Mitbegründer und langjähriger CEO von Apple Inc® und maßgeblich mitverantwortlich für die Entwicklung von Produkten wie Personal Computer (Mac®, iMac®), Media Player (iPod®), Smartphone (iPhone®), Tablet (iPad®), Smartwatch (iWatch®), App Store® und iTunes Store®.

16 **Vinci, Leonardo da** (1452–1519) italienischer Maler, Bildhauer, Architekt, Anatom, Mechaniker, Ingenieur und Naturphilosoph. Er gilt als einer der berühmtesten Universalgelehrten aller Zeiten.

17 **BMJ, British Medical Journal** (* 1840) Titel: »Evidence and Uncertainty in Nutrition Research: The Case of Conflicting Dietary Guidelines«. Band 381, Seiten 45–52. BMJ Publishing Group, London, Großbritannien, 2023.

18 **Lancet, The** (* 1823) Titel: »Conflict of Interest in Nutrition Research«. Band 399, Seiten 1231–1240. Elsevier-Verlag, London, Großbritannien, 2022.

19 **Buddha, Siddharta Gautama** (circa 500 v. Chr.) indischer Begründer des Buddhismus. Er gilt als Erleuchteter, dessen Lehren die Grundlage des Buddhismus bilden, einschließlich der Konzepte von Nirwana und den Vier Edlen Wahrheiten.

20 **Doyle, Arthur Conan** (1859–1930) britischer Arzt und Schriftsteller aus Edinburgh. Sherlock Holmes ist eine 1886 geschaffene Kunstfigur, die als Detektiv tätig ist. »A Study in Scarlet« (Buch). Ward, Lock & Co., London, Großbritannien, 1887.

21 **Gonzales, Speedy** ist eine Zeichentrick-Maus aus dem Looney-Tunes-Universum von Warner Bros®. 1953 entwarf Robert McKimson den Prototyp. Die Speedy-Gonzales-Filmchen liefen ab 1979 unter dem Titel »Die schnellste Maus von Mexiko« im deutschen Fernsehen.

22 Rubens, Paul Peter (1577–1640) flämischer Barockmaler und Diplomat. Bekannt für seine dynamischen Kompositionen und lebendigen Farben. Zu seinen berühmtesten Werken zählen »Die Kreuzaufrichtung« und »Die drei Grazien«.

23 Monroe, Marilyn (1926–1962) US-amerikanische Filmschauspielerin, Fotomodell, Weltstar und Sexsymbol der Fünfziger- und Sechzigerjahre.

24 Stein, Karl Freiherr vom (1757–1831) deutscher Staatsmann und Reformer. Er war maßgeblich an der Reform der preußischen Verwaltung und der Bildungspolitik beteiligt, die auf Dezentralisierung und Modernisierung abzielte.

25 Sutra (Sanskrit) oder Sutta (Pali) bedeuten »Lehrrede«. Diese Texte enthalten die grundlegenden Lehren des Buddhismus.

26 Schiller, Friedrich (1759–1805) deutscher Dichter, Philosoph und Historiker. »Das Lied von der Glocke« (Gedicht). 8. Strophe, Vers 88 bis 146. ICHverl. Häfner und Häfner. Weimar, Deutschland, 1799.

27 Saint-Exupéry, Antoine de (1900–1944) französischer Poet, Journalist, Flieger und Schriftsteller. »The Little Prince« (Buch). Reynal & Hitchcock, New York City, USA, 1943. Übersetzt von Grete und Josef Leitgeb. »Der kleine Prinz« (Buch). Arche Verlag, Zürich, Schweiz und Verlag Rauch, Bad Salzig, Deutschland, 1950.

28 Dürr, Hans-Peter (1929–2014) deutscher Quantenphysiker, Autor und Träger des Alternativen Nobelpreises. Direktor des Max-Planck-Instituts für Physik in München. Verfasser mehrerer Werke zu den philosophischen Implikationen der Quantenmechanik.

29 Tolstoi, Leo (1828–1910) russischer Schriftsteller, Philosoph und Sozialreformer. Seine Werke thematisieren Moral, Religion und die menschliche Existenz. Er setzte sich für soziale Gerechtigkeit und Bildung ein und verbesserte die Lebensbedingungen von Bauern. 1869 veröffentlichte er »Krieg und Frieden« (Buch) und 1877 »Anna Karenina« (Buch).

30 Anonym Ohne Datum. Ohne Quellenangabe. Das Zitat stammt aus der griechischen Antike.

31 Affirmation, meine (2013) Teile stammen von Louise L. Hay. »You Can Heal Your Life« (Buch). Hay House, Santa Monica, CA, USA, 1984. Übersetzt von Viktoria Renner und Karl Friedrich Hörner. »Gesundheit für Körper und Seele« (Buch). Wilhelm Heyne Verlag, München, Deutschland, 1989. Teile stammen von Eva Ulmer-Janes »Magie im Management« (Buch). Iberia Verlag / European University Press, Wien, Österreich, 2000. Zwei Affirmationen erzählte mir ein Zen-Meister, der nicht genannt werden möchte; zwei andere hörte ich von Bhante Dr. Seelawansa Wijayarajapura Maha Thero, einem buddhistischen Mönch aus Sri Lanka.

32 Hoff, Benjamin (* 1946) amerikanischer Autor und Fotograf. »The Te of Piglet« (Buch). Dutton Books, Boston, Massachusetts, USA, 1992. »Pu der Bär, Ferkel und die Tugend des Nichtstuns: Der weise Bär auf den Spuren des Lao-tse« (Buch). Übersetzt von Ulrike Wasel. O.W. Barth Verlag, München, Deutschland, 1992.

33 Lennon, John (1940–1980) britischer Musiker, Komponist und Friedensaktivist, bekannt als intellektueller Kopf der Beatles. Seine Soloarbeit, insbesondere der Song »Imagine« (1971), thematisiert Frieden und Menschlichkeit. Lennon setzte sich zeitlebens für soziale Gerechtigkeit und die Beendigung von Kriegen ein.

34 Ono, Yoko (* 1933) japanische avantgardistische Künstlerin, Autorin, Sängerin und Friedensaktivistin. Partnerin von John Lennon. Gemeinsam setzten sie sich für soziale und politische Veränderungen ein und organisierten zahlreiche Friedensprojekte, darunter die berühmte Aktion »Bed-In for Peace«.

35 Buddha, Siddharta Gautama (circa 500 v. Chr.) indischer Begründer des Buddhismus. Er gilt als Erleuchteter, dessen Lehren die Grundlage des Buddhismus bilden, einschließlich der Konzepte von Nirwana und den Vier Edlen Wahrheiten.

36 Ulmer-Janes, Eva (* 1948) österreichische Autorin, Diplomingenieurin, Kostüm- und Bühnenbildnerin. »Magie im Management« (Buch). Seite 47. Iberia Verlag, Wien, Österreich, 2000.

37 Talmud (200–600 n. Chr.) »Pirkei Avot (Sprüche der Väter)« Kapitel 2, Vers 9, religiös-rechtliches Literaturwerk des Judentums.

38 Gandhi, Mahatma (1869–1948) indisches politisches und religiöses Oberhaupt, Pazifist, Publizist und Rechtsanwalt. Führer der indischen Unabhängigkeitsbewegung gegen die britische Kolonialherrschaft. »Mahatma« bedeutet: »Große Seele«.

39 Mandela, Nelson (1918–2013) südafrikanischer Freiheitskämpfer gegen die Apartheid. Von 1994 bis 1999 erster schwarzer Präsident Südafrikas. Friedensnobelpreisträger.

40 »Ob-La-Di, Ob-La-Da«, Band: The Beatles. Album: The White Album. Track 4. Music and Lyrics by Paul McCartney. Urheberrecht: Lennon/McCartney. Abbey Road Studios, London, Großbritannien, 1968.

41 »Biene Maja« war das Titellied der gleichnamigen Zeichentrickserie, die auf Waldemar Bonsels' 1912 und 1915 erschienenen Geschichten basiert. Music by Karel Svoboda, Lyrics by Florian Cusano, Vocals by Karel Gott. Studio Svoboda, Polydor. Hamburg, Deutschland, 1976.

42 »Pippi Langstrumpf«, Original Lyrics by Astrid Lindgren. Übersetzt von Wolfgang Franke und Helmut Harun. Music by Jan Johansson. Deutsche Version: Jan Johansson und Konrad Elfers. Vocals by Rosy Teen bzw. Eva Mattes. Filmkunst Musikverlag, CBS, Ort unbekannt, Deutschland, 1969 bzw. 1971.

43 »Hey, hey, Wickie« war das Titellied der Zeichentrickserie »Wickie und die starken Männer«, die auf der gleichnamigen Geschichte des schwedischen Schriftstellers Runer Jonsson basiert. Music by Christian Bruhn, Lyrics by Andrea Wagner, Vocals by The Stowaways (Bläck Fööss). Studio unbekannt, Ort unbekannt, Deutschland, 1973.

44 »Nils Holgersson« war die Titelmelodie der gleichnamigen Zeichentrickserie, die auf dem Buch »Nils Holgerssons wunderbare Reise durch Schweden« von Selma Lagerlöf basiert. Music by Karel Svoboda. Celine Records, Sitterswald, Deutschland, 1983.

45 **Spielberg, Steven** (Regie), Jeff Nathanson (Drehbuch). »Catch Me If You Can« (Film). Schauspieler: Leonardo DiCaprio, Tom Hanks, Christopher Walken. Dreamworks Pictures, USA/Kanada, 2002.

46 »Non, je ne regrette rien«, Album: Non, je ne regrette rien. Track 1. Vocals by Édith Piaf, Music by Charles Dumont, Lyrics by Michel Vaucaire. Pathé-Marconi-Tonstudios (EMI), Paris, Frankreich, 1960.

47 **Lama, Dalai** alias Tenzin Gyatso (* 1935) Seine Heiligkeit der 14. Dalai Lama, geistliches Oberhaupt des tibetischen Buddhismus, Friedensnobelpreisträger, Autor.

48 **Guggenmusik** ist eine extrem laute und schräge Blasmusik, die im alemannischen Raum in der Fasnacht gespielt wird. Die Musiker sind dabei oft verkleidet und teilweise maskiert.

49 **Saint-Exupéry, Antoine de** (1900–1944) franzö-sischer Poet, Journalist, Flieger und Schriftsteller. »The Little Prince« (Buch). Reynal & Hitchcock, New York City, USA, 1943. Übersetzt von Grete und Josef Leitgeb. »Der kleine Prinz« (Buch). Arche Verlag, Zürich, Schweiz und Verlag Rauch, Bad Salzig, Deutschland, 1950.

50 **Schumacher, Michael** (* 1969) ehemaliger deut-scher Rennfahrer. 7-facher Formel-1-Weltmeister.

51 »**We Will Rock You**«, Album: News of the World. Track 1. Band: Queen. Music and Lyrics by Brian May. EMI Records, London, Großbritannien, 1977.

52 »**Changes**«, Album: Hunky Dory. Track 1. Vocals by David Bowie. Music and Lyrics by David Bowie. RCA Records, Trident Studios, London, Großbri-tannien, 1971.

53 »**Mein Ding**«, Album: Stark wie zwei. Track 5. Vo-cals by Udo Lindenberg. Lyrics by Udo Lindenberg. Music by Jörg Sander und Sandi Strmljan. Boogie Park Studio, Hamburg-Altona, Warner Music Ger-many, 2008.

54 »**It's a Long Way to the Top (If You Wanna Rock 'n' Roll)**«, Album: T.N.T. Track 1. Band: AC/DC. Music and Lyrics by Angus Young, Malcolm Young, Bon Scott. Albert Studios, Sydney, Australia, 1975. »**Hells Bells**«, Album: Back in Black. Track 1. Band: AC/DC. Music and Lyrics by Angus Young, Malcolm Young, Brian Johnson. Atlantic Records, Compass Point Studios, Bahamas, 1980.

55 AKS, Verein Arbeitskreis für Vorsorge- und Sozialmedizin. Auf www.aks.or.at findest du allerlei wissenswerte Informationen zur bestmöglichen Ernährungsweise für unterschiedliche Lebenssituationen und Erkrankungen.

56 Goethe, Johann Wolfgang von (1749–1832) deutscher Dichter, Politiker und Naturforscher. Er gilt als einer der bedeutendsten Schöpfer deutschsprachiger Dichtung. »Faust. Der Tragödie erster Teil« (Buch). Akt 1, Szene 5: »Grau, teurer Freund, ist alle Theorie und grün des Lebens goldner Baum.« Verlag Cotta, Stuttgart, Deutschland, 1808.

57 Vinci, Leonardo da (1452–1519) italienischer Maler, Bildhauer, Architekt, Anatom, Mechaniker, Ingenieur und Naturphilosoph. Er gilt als einer der berühmtesten Universalgelehrten aller Zeiten.

58 Heisenberg, Werner (1901–1976) deutscher Physiker. Heisenberg war einer der bedeutendsten Physiker des 20. Jahrhunderts. Begründer der Quantenmechanik und Heisenbergschen Unschärferelation. Nobelpreisträger.

59 Einstein, Albert (1879–1955) schweizerisch-US-amerikanischer theoretischer Physiker deutscher Herkunft. Die Relativitätstheorie, machte ihn weltberühmt. Der Nobelpreisträger und Superstar der Wissenschaft nutzte seine Bekanntheit für die Völkerverständigung, den Frieden und die soziale Gerechtigkeit.

Wikipedia, die freie Enzyklopädie

Angaben zu Personen, Büchern, Musik und Filmen in diesem Literatur- und Quellenverzeichnis stammen teilweise aus Wikipedia. (Stand: 25.02.2025).

Autor

Martin Waibel
* 1965

Illustrator

Erich Feldkircher
1955–2022

Kontakt + Bilder

Falls du mir schreiben möchtest, kannst du mich gerne über meine Website kontaktieren. Dort findest du auch Fotos von mir.

www.alleine-abnehmen.com

Love and Peace

Liberté, Égalité, Fraternité

Albert Einstein sagte: »[...] Ein Mensch ist ein Teilchen des von uns ›Universum‹ genannten Ganzen, ein zeitlich und räumlich begrenztes Teilchen. Sich selbst, seine Gedanken und Gefühle erlebt er als etwas vom Rest Getrenntes — eine optische Täuschung seines Bewusstseins. Diese Täuschung ist für uns eine Art Gefängnis, sie engt uns ein auf unsere persönlichen

Begierden und auf Zuneigung für einige wenige uns nahestehende Menschen. Unsere Aufgabe muss sein, uns aus diesem Gefängnis dadurch zu befreien, dass wir den Zirkel unseres Mitgefühls ausweiten auf alle lebenden Kreaturen und auf die ganze Natur in ihrer Schönheit.«[59]

---

[59] Albert Einstein (1879–1955) schweizerisch-US-amerikanischer theoretischer Physiker. Sein Hauptwerk: Die Relativitätstheorie. Nobelpreisträger.